Oldenbourg Interpretationen

Herausgegeben von
Bernhard Sowinski und Reinhard Meurer

begründet von
Rupert Hirschenauer (†) und Albrecht Weber

Band 37

Friedrich Hebbel

Maria Magdalena

Interpretation von
Edgar Hein

Oldenbourg

Zitiert wird nach folgender Ausgabe: Friedrich Hebbel: „Maria Magdalena" und „Vorwort zur Maria Magdalena". Reclam UB 3173

CIP-Titelaufnahme der Deutschen Bibliothek

Hein, Edgar:
Friedrich Hebbel, Maria Magdalena : Interpretation / von Edgar Hein. – 1. Aufl. – München : Oldenbourg, 1989
(Oldenbourg-Interpretationen ; Bd. 37)
ISBN 3-486-88636-3
NE: GT

1. Auflage 1989
Unveränderter Nachdruck 98 97 96 95 94
Die letzte Zahl bezeichnet das Jahr des Drucks.

Lektorat: Ruth Bornefeld
Herstellung: Fredi Grosser
Umschlaggestaltung: Klaus Hentschke, München
Gesamtherstellung: R. Oldenbourg, Graph. Betriebe GmbH, München

ISBN: 3-486-**88636**-3

Inhalt

1
Literaturgeschichtliche Koordinaten

1.1
Die Tradition des bürgerlichen Trauerspiels

Während seiner Entstehung hatte Hebbels Handwerkerdrama keinen Titel. Die ersten zwei Erwähnungen im Tagebuch sprechen von *Klara* (T. 1517; 2408). In allen folgenden Notizen ist immer nur vom „bürgerlichen Trauerspiel" die Rede oder von der „Tragödie".[1] Den Titel *Maria Magdalena* schlug der Verleger Campe vor. Durch einen Druckfehler wurde daraus *Maria Magdalene* (s. u. 1.4).

Die ständige Betonung der Gattungsbezeichnung durch Hebbel hat etwas Programmatisches. Mit diesem Stück wollte er an die Tradition Lessings und Schillers anknüpfen, zugleich aber etwas ganz Neues in die Welt bringen. „Es war meine Absicht, das bürgerliche Trauerspiel zu regenerieren" (T. 2910). Ihm schwebte dabei nicht so sehr eine Wiederbelebung vor, sondern mehr die Entwicklung eines Antitypus zur empfindsamen Ständetragödie des 18. Jahrhunderts.

> Gewöhnlich haben die Poeten, wenn sie bürgerliche Trauerspiele zu schreiben sich herabließen, es darin versehen, daß sie den derben, gründlichen Menschen, mit denen sie es zu tun hatten, allerlei übertriebene Empfindeleien oder eine ständige Borniertheit andichteten, die sie als amphibienhafte Zwitterwesen, die eben nirgends zu Hause waren, erscheinen ließen (ebd.).

Er dagegen wollte zeigen, wie

> das Tragische nicht aus dem Zusammenstoß der bürgerlichen Welt mit der vornehmen, woraus freilich in den meisten Fällen auch nur ein gehaltlos Trauriges hervorgeht, abgeleitet ist, sondern ganz einfach aus der bürgerlichen Welt selbst, aus ihrem zähen und in sich selbst gegründeten Beharren auf den überlieferten patriarchalischen Anschauungen und ihrer Unfähigkeit, sich in verwickelten Lagen zu helfen.[2]

Als gattungstypologische Bezeichnung ist das „Bürgerliche Trauerspiel" schwierig zu definieren. Guthke[3] weist darauf hin, daß der Begriff schon in seiner ersten Prägung ins Mehrdeutige changierte. Er steht zunächst in der Nähe des rührenden oder tragikomischen Familienstücks der französischen Aufklärung, der

„comédie larmoyante". Diderot verlieh dieser Gattung literarischen Rang und wirkte damit stark auf Lessing.

1751 schlug Gottsched in der vierten Auflage seiner *Critischen Dichtkunst* die neue Gattungsbezeichnung vor:

Noch andere wollen aus der beweglichen und traurigen Komödie, die von den Franzosen Comédie larmoyante genennet wird, eine eigene neue Art machen. Allein wenn es ja eine solche Art von Schauspielen geben kann und soll: so muß man sie nur nicht Komödien nennen. Sie könnten viel eher bürgerliche oder adeliche Trauerspiele heißen.[4]

1752 erscheint die deutsche Übersetzung eines englischen Rührstücks: *Der Kaufmann von London oder Begebenheiten Georg Barnwells* nach dem englischen Original *The London merchant* von George Lillo. Der Übersetzer[5] nennt das Stück im Untertitel „ein bürgerliches Trauerspiel". Dessen Inhalt ist allerdings eher eine Moritat als eine Tragödie.[6] Es geht um das Schicksal eines Lehrjungen, der durch den bösen Einfluß einer Dirne zum Mörder wird, seiner gerechten Strafe verfällt und dann von guten, weichherzigen Bürgern beweint wird. Die Thematik erschöpft sich eher in sentimentalen als in sozialen, geschweige denn sozialkritischen Bezügen.

Das Adjektiv „bürgerlich" war demnach von Anbeginn doppeldeutig. Es hatte ebenso sehr den Sinn von „rührend-empfindsam" wie den einer sozialständischen Abgrenzung. Mit seiner sozialen Konnotation wird das bürgerliche Trauerspiel von der „heroischen" oder „erhabenen" Tragödie unterschieden, wie sie die Barockpoesie in Nachahmung Senecas in großer Zahl hervorgebracht hat. Dem Bürger waren gemäß der Ständeklausel der Barockpoetiken[7] hohe Gefühle versagt. Als Gryphius in *Cardenio und Celinde* bürgerliche Menschen zu Hauptpersonen machte, mußte er das in der Vorrede entschuldigend begründen: „Personen, so eingeführet, sind fast zu niedrig vor ein Traur-Spiel."

Die besondere Tragik einer vom Schicksal geschlagenen Standesperson sah man auch in der sozialen „Fallhöhe" ihres Absturzes begründet. Dieses Argument verwendet noch 200 Jahre später Arthur Schopenhauer als Einwand gegen das bürgerliche Trauerspiel. Not und Verzweiflung einer Bürgerfamilie, so meint er, könnten den Zuschauer „nicht tragisch erschüttern", weil sie „meistens sehr geringfügig und durch menschliche Hilfe zu beseitigen“ seien.[8] Den Barockpoeten galt als tragisch nur der stoische Heroismus des sozial erhabenen Menschen.

Das emanzipierte Bürgertum des 18. Jahrhunderts tat sich dagegen etwas auf seine ungekünstelte Empfindungsfähigkeit zugute. Die bürgerliche Gesinnung war nicht nur durch das politisch-ständische Selbstbewußtsein des vor Königsthronen aufrechten Citoyen gekennzeichnet, sondern ebenso sehr durch Einfachheit und Schlichtheit des Gemüts, Geradheit, Natürlichkeit, Ehrlichkeit und Prinzipientreue. Hinzu kam der Kult des Herzens, der sich am auffälligsten in der Werthermode artikulierte.

Den literaturhistorisch gültigen Begriff des bürgerlichen Trauerspiels gab Lessing mit seiner *Miss Sara Sampson.* Die Ansiedlung der Handlung im englischen Milieu ist bezeichnend für den Einfluß des neuen englischen Dramas und der empfindsamen Romane Samuel Richardsons auf die zeitgenössische deutsche Literatur. Die tränenreiche Schlußszene der *Miss Sara Sampson* steht ganz in der Tradition des rührenden englischen Familiendramas. Die von der gewissenlosen Liebesrivalin durch Gift ermordete Sara verzeiht sterbend allen, die ihr Böses getan haben, worauf sich ihr Verführer, von Gewissensbissen gepeinigt, an ihrem Sterbebett erdolcht.

Lessing schrieb nach der Uraufführung[9] an Gleim, daß „die Zuschauer vier Stunden wie Statüen saßen und in Tränen zerflossen“.

Wenn man von diesem sentimentalen Frühprodukt absieht, haften als bedeutsame Exemplare des Typus „Bürgerliches Trauerspiel“ vor Hebbel die *Emilia Galotti* und *Kabale und Liebe* im literarhistorischen Gedächtnis, allenfalls noch ein paar Titel aus der Dramatik des Sturm und Drang (Lenz, Klinger, H. L. Wagner). Nach Schiller versank die Gattung wieder ganz in die Banalität des Rührstücks im Stil von Iffland und Kotzebue. Guthke katalogisiert etwa 30 Dramentitel von 1756 bis 1803, die sich als „bürgerliche Trauerspiele“ bezeichneten und heute vergessen sind.[10]

Erst mit Hebbel und Büchner und später im sozialkritischen Drama des deutschen Naturalismus gewinnt das im niederen sozialen Milieu spielende Trauerspiel wieder literarisches Gewicht.

Hebbel wollte das erbaulich-Gemüthafte, das sich in den bürgerlichen Milieustücken seiner Zeit breitgemacht hatte, mit seinem bürgerlichen Trauerspiel überwinden. Er hob in ihm das Schicksal einer Bürgerfamilie in den Rang der heroischen Schicksalstragödie. Ein Handwerksmeister wird zum „Helden im Kamisol“[11], der „Zusammenstoß einander innerlich entgegengesetzter Naturen“ entbindet „das furchtbarste Geschick“[12], „zerschmetternde Tragik“ zeigt sich „im eingeschränktesten Kreis“.[13]

Am traditionellen bürgerlichen Trauerspiel bemängelt er, daß es die Tragik nicht aus der „schrecklichen Gebundenheit des Lebens in der Einseitigkeit“ aufbaut, sondern „es aus allerlei Äußerlichkeiten, z. B. aus dem Mangel an Geld bei Überfluß an Hunger, vor allem aber aus dem Zusammenstoßen des dritten Standes mit dem zweiten und ersten in Liebesaffären zusammengeflickt hat“.[14]

Hebbel hat seine Idee von Tragik in seinen dramaturgischen Schriften tiefgründig philosophisch erläutert (s. Abschnitt 3 dieser Arbeit). Schicksal resultiert für ihn nicht aus dem Zufall, sondern aus den Weltgesetzen.

> Nicht bloß in den Handlungen des Menschen, auch in den Begebenheiten, die ihn treffen, liegt Consequenz und Übereinstimmung (T. 1993/1840).
>
> Die sogenannte Freiheit des Menschen läuft darauf hinaus, daß er seine Abhängigkeit von den allgemeinen Gesetzen nicht kennt (T. 4969/1851).

Mit seinem Begriff der tragischen Schuld steht er der attischen Tragödie näher als dem moralischen Pathos der bürgerlichen Aufklärung. Es ist „das Leben als Vereinzelung, die nicht Maß zu halten weiß“, was Schuld erzeugt, und zwar „nicht zufällig, sondern notwendig und wesentlich“.[15]

Die ursprüngliche Botschaft des bürgerlichen Trauerspiels im 18. Jahrhundert verkündete die Emanzipation des Bürgers aus den Grenzen seiner sozialen Welt. Hebbel setzt ihn in die existentiellen Grenzen eines tragischen Weltverhängnisses zurück.

1.2
Das Motiv der ledigen Kindsmutter im deutschen Drama von Jacob Lenz bis zu Gerhart Hauptmann

Bekanntlich beklagte sich Goethe darüber, Heinrich Leopold Wagner habe ihm aus entliehenen Notizen zum Faust seine Gretchenhandlung gestohlen, um daraus sein eigenes Drama, *Die Kindermörderin*, zu fabrizieren. Es war aber wohl eher so, daß die Thematik der ledigen Kindsmutter damals die Gedanken und Gewissen vieler bewegte, ein Zeugnis einer neuen freimütigen, aufbegehrenden Moralgesinnung.

Fünf dramatische Bearbeitungen dieses Motivs aus drei Jahrhunderten, die heute noch von literarischer oder literarhistorischer Bedeutung sind, sind hier in chronologischer Folge aufgeführt:

Verfasser	*Titel*	*Erscheinungs-, bzw. Entstehungsjahr*	
J. M. R. *Lenz*	*Der Hofmeister* oder die Vortheile der Privaterziehung	1774 (anonym)	↑ Goethes Arbeit am *Urfaust* ↓
H. L. *Wagner*	*Die Kindermörderin*	1776 (anonym)	
G. *Büchner*	*Woyzeck*	1837 (als Fragment im Nachlaß)	
F. *Hebbel*	*Maria Magdalena*	1844	
G. *Hauptmann*	*Rose Bernd*	1903	

Lenz' *Hofmeister* hat durch Brechts Bearbeitung (1950) neue Aktualität gewonnen. Zu seiner Zeit war dieses Sturm-und-Drang-Drama in seiner herausfordernden Deftigkeit ein Skandal. Seine sozialkritische Tendenz ist im Untertitel sarkastisch formuliert: „...oder die Vortheile der Privaterziehung".

Sein Inhalt in Kürze: Der Theologiestudent Läuffer unterrichtet als Privatlehrer (= Hofmeister) die Kinder des Gutsbesitzers Major von Berg, Leopold und Gustchen. Der liberale Bruder des Gutsherrn, Geheimrat von Berg, bringt Kritik an der Verelendung der Theologen, die im Hofmeisterstand nur bessere Dienstboten waren, zum Ausdruck: „Wer heißt euch Domestiken werden, wenn ihr was gelernt habt?" Gustchen liebt Fritz, den Sohn des Geheimrats, entfremdet sich ihm aber, weil er jahrelang fern von ihr auf der Universität bleibt (Das Motiv wiederholt sich bei Hebbel in der Beziehung Klara–Sekretär.). Läuffer verführt seine Schülerin, sie flieht mit ihm und bringt in der Fremde ihr Kind zur Welt. Aus Angst vor der Schande will sie sich im Teich ertränken, wird aber vom zufällig daherkommenden Major, ihrem Vater, gerettet. Läuffer bereut sein Verhalten und entmannt sich zur Selbstbestrafung. Trotz alledem nimmt die Tragikomödie noch ein gutes Ende. Fritz heiratet Gustchen und nimmt ihr Kind als das seine an, Läuffer ehelicht ein Dorfmädchen, das sich mit seiner Verstümmelung abfindet. Moralische Quintessenz: Fritz gelobt, „sein süßes Kind nie durch Hofmeister erziehen" zu lassen.[16]

Lenz ahmte Shakespeares Form der rasch wechselnden Kurzszenen nach, wie es ihm Goethe mit seinem Götz von Berlichingen gerade vorgemacht hatte. Die Genie-Epoche zeigt sich auch in der sozialrevolutionären Tendenz: Sie richtet sich gegen Standesschranken, Vorurteile, lebensfremde Erziehung und Triebunterdrückung. Für alle sozialen Gebrechen gibt es einfache Heilungen, auch für die Nachteile der Privaterziehung junger Mädchen: „Gibt's für sie keine Anstalten, keine Nähschulen, keine Klöster, keine Erziehungshäuser?"[17] Es zeigt den unvergleichlich höheren Rang Hebbels, daß derartige philanthropische Platitüden bei ihm nicht denkbar wären.

Heinrich Leopold Wagners *Kindermörderin* übertreibt den Geniekult ins Geschmacklose. In seiner Umarbeitung von 1779 erhält auch dieses Stück einen Untertitel in der damals beliebten „oder"-Form: *Evchen Humbrecht oder: ihr Mütter merkt's Euch!*

Die brave Straßburger Metzgermeistersfrau Humbrecht folgt mit ihrer Tochter Evchen arglos einer Balleinladung des Leutnants von Gröningseck. Sie wird von ihm in ein Bordell verschleppt und betäubt. Bei dieser Gelegenheit schwängert der Leutnant Evchen, verspricht ihr aber hinterher die Ehe. Als Evchen infolge eines finsteren Ränkespiels an dieses Eheversprechen nicht mehr glauben kann, flieht sie aus dem Elternhaus und bringt im Hause einer armen Wäscherin ihr Kind zur Welt. Sie tötet das Kind und verfällt dem Scharfrichter. In der Zweitfassung verpaßte Wagner dem Stück ein Happy End: Der Kindesmord wird in letzter Minute verhindert, Gröningseck führt Evchen als seine Braut heim.

Der Schlußsatz des Meister Humbrecht zeigt einen überraschenden Anklang an Hebbels Dramenschluß:

> Humbrecht (reißt sich die Westenknöpfe alle auf):
> „Die ganze Welt wird mir zu enge!“[18]
> (Meister Anton: „Ich verstehe die Welt nicht mehr!“)[19]

Auch an Wagner zeigt sich wie an Lenz eine Stimmung innerer Zerrissenheit. Auf der einen Seite ein verzweifeltes Aufbegehren gegen den Zustand der Welt, auf der anderen ein Sichabfinden mit moralischen Patentlösungen. Lenz und Wagner tun zwar einen Blick in tragische Abgründe, weichen ihnen aber dann mit billigen philanthropischen Kompromissen aus. Von Goethes Gretchentragödie sind sie durch Welten getrennt.

Eine erschütternde dichterische Gestaltung erfährt das Kindsmuttermotiv in Georg Büchners *Woyzeck.* Die Gestalt der Marie wird, wie Klara bei Hebbel, mit der biblischen Maria Magdalena assoziiert: „Alles tot! Heiland! Heiland! Ich möchte dir die Füße salben!“[20] Schwermütige Stimmungsdissonanzen machen die Zerrissenheit Maries zwischen Lebenshunger und Sündenangst sichtbar.

> Mädel, was fangst du jetzt an?
> Hast ein klein Kind und kein' Mann!
> Ei, was frag ich danach!
> Sing ich die ganze Nacht
> Heio, popeio, mei Bub, juchhe!
> Komm, mei Bub! Bist doch nur ein arm Hurenkind und machst deiner Mutter Freud mit deinem unehrlichen Gesicht.[21]

Allein das Verfremdungsspiel mit den Bedeutungsnuancen des Wortes „unehrlich“ (= unsittlich = verworfen) und seine Beziehung auf das unschuldige Kind setzt einen scharfen sozialkritischen Akzent, den das bürgerliche 18. Jahrhundert mit seiner betulichen Menschenfreund-Gesinnung noch nicht zur Verfügung hatte.

Büchner hat den *Hofmeister* sicher genau gekannt, hat er doch Lenz zu seiner Romanfigur gemacht. Es scheint, als hätte er der durch tragikomische Verwicklungen seltsam verbogenen Sozialkritik seines Dichtervorgängers erst die rechte Gestalt gegeben.

Der zeitliche Abstand Hebbels zu Gerhart Hauptmanns *Rose Bernd* ist erheblich, die thematische Nähe zur *Maria Magdalena* hebt ihn auf. In ihrer dumpfen, besinnungslosen Opferhaltung ist die Gutsmagd Rose der Handwerkertochter Klara verwandt. Beide müssen ihre Schwangerschaft verbergen, beide sind von gewissenlosen Verführern zur sexuellen Hingabe erpreßt, beide sind erdrückt von der moralischen Übermacht eines sitteneifernden Vaters. Roses Kindesmord vollzieht sich wie Klaras Selbstmord mit einer zwanghaften somnambulen Getriebenheit, die die Frage nach Schuld und Verantwortung in einem ganz neuen Licht erscheinen läßt.

Gerhart Hauptmann hält sich in der Mitte zwischen Sozialkritik und Schicksalstragödie. Einerseits sind es die Mächte der Industriegesellschaft, hier die beginnende Mechanisierung der Landwirtschaft, der soziale Wandel und der Zerfall familiärer Traditionen auf dem Lande, die die Handlung ins Tragische treiben, andererseits sind es jenseitige überpersönliche Gewalten, denen alle Handelnden als blinde Objekte ausgeliefert sind. Hauptmann sieht im archaischen Menschenopfer „die blutige Wurzel der Tragödie“[23], Hebbel entdeckt in ihr „die Silhouette Gottes, des Unbegreiflichen und Unfaßbaren“.[24]

Karl Guthke nennt Hauptmann geradezu den „Fortsetzer Hebbels“.[25]

Beide Dichter gehen von einer „dualistischen Form des Seins“ aus. Hauptmann spricht vom „Götterzwist“, Hebbel vom gespaltenen Universum: „Der Himmel selbst ruht auf gespaltenen Kräften“.[26] Beide führen ein tragisches Motiv aus seinen sozialen Bezügen heraus in metaphysische Dimensionen.

Die vergleichende Behandlung der *Rose Bernd* im Unterricht im Anschluß an *Maria Magdalena* bietet sich daher besonders an (s. a. unter 6.3 dieser Arbeit.).

Unterrichtlich lohnend ist auch der Vergleich der beiden Dramen mit zwei thematisch verwandten Erzählgedichten: Schiller, *Die Kindsmörderin*, Brecht, *Von der Kindesmörderin Marie Farrar* (Hauspostille).

1.3 Die zwei Epochen im dramatischen Schaffen Hebbels

Hebbel ließ es bei nur einem bürgerlichen Trauerspiel bewenden, obwohl er es als Dramengattung zu regenerieren versprochen hatte. Er nahm diesen Faden nicht wieder auf. Daß er das 1847 fertiggestellte bizarre sozialkritische Drama *Julia* als Fortsetzung der *Maria Magdalena* bezeichnete, läßt sich nur aus einer Motivparallele, der Vater-Tochter-Beziehung, rechtfertigen. Seine spätere Produktion knüpft z.T. mit biblisch-historischen Stoffen *(Herodes und Mariamne)* an die *Judith*-Epoche an, z.T. mit der *Nibelungen*-Trilogie an die *Genoveva*, z.T. mit dem Märchenspiel *Der Rubin* an das frühe Lustspiel *Der Diamant.* Mit dem historischen Ideendrama *Agnes Bernauer* aber wandte sich Hebbel noch einmal einem ganz neuen Genre zu.

Darüber, daß mit *Herodes und Mariamne* eine neue Epoche in Hebbels dramatischer Produktion beginnt, sind sich O. F. Walzel und Benno von Wiese einig.[27] Die folgende Tabelle soll einen Überblick ermöglichen.

	Titel	*Jahr der Fertigstellung*	*Typus und Thematik*
	Judith	1840	Tragödie, bibl.-histor. Themenkreis
	Genoveva	1841	Tragödie, mittelalterl. Legendenstoff
	Der Diamant	1841	Märchenlustspiel
I	*Maria Magdalena*	1843	bürgerliches Trauerspiel
	Ein Trauerspiel in Sizilien	1847	sozialkritische Dramen
	Julia	1847	
	Herodes und Mariamne	1848	Tragödie, bibl.-histor. (vgl. Judith)
	Der Rubin	1849	Märchenlustspiel (vgl. Der Diamant)
	Michel Angelo	1850	Künstlerdrama
II	*Agnes Bernauer*	1851	„Deutsches Trauerspiel", nach altbayer. Chroniken; Verhältnis Staat/Individuum

	Gyges und sein Ring	1853	Tragödie, altgriech. Sagenstoff nach Herodot
	Nibelungentrilogie	1860	„Deutsches Trauerspiel in drei Abteilungen“, nach dem mh. Epos
	Demetrius (Fragment)	bis 1863	Tragödie, aus der russischen Zarengeschichte

(Das Fragment *Moloch* blieb ausgespart; die Arbeit daran zog sich über die Grenze der beiden Produktionsepochen hin.)

In Hebbels Leben gab es Ende 1845, zwei Jahre nach Fertigstellung der *Maria Magdalena*, eine märchenhafte Wende. Der kränkelnde, verarmte und verschuldete Poet in abgerissenen Kleidern trifft, von Italien kommend, in der eleganten Metropole Wien ein. Er begegnet zwei Verehrern seiner Kunst, den reichen polnischen Baronen Zerboni di Sposetti, die sich ihm als Gönner anbieten, ihn mit Geld und erstklassiger Garderobe ausstatten und ihm die Salons der Gesellschaft eröffnen. Eine Frau von feenhafter Schönheit, die Burgschauspielerin Christine Enghaus, erwählt ihn zum Mann. Mit der gesellschaftlichen Stellung steigt sein Ansehen, allmählich auch sein literarischer Ruhm. Der arme Dithmarscher Maurersohn wachte aus einem bedrückenden Traum auf und fand sich wieder als der berühmte Autor Dr. Friedrich Hebbel. Die *Maria Magdalena* hatte er noch in einem ungeheizten drittklassigen Pariser Logis zu Ende geschrieben; fortan dichtet er zwischen edlen Möbeln in der kultivierten Atmosphäre einer gutbürgerlich ausgestatteten Künstlerwohnung.

Auch seine ideelle Lebenseinstellung änderte sich. O. F. Walzel stellt fest, daß Hebbel „seit der Zeit, da er *Agnes Bernauer* ausführte“, mit der Gesellschaft „seinen Frieden geschlossen“ habe.[28]

Die Vermutung nun, daß dieser Friedensschluß nur die Folge seiner bürgerlichen Etablierung gewesen sei, so als ob „das soziale Sein das Bewußtsein“ korrumpiert habe, ist nicht nur vereinfachend, sondern falsch.

Hebbels abrupte Gedankenumschwünge sind, wie die Tagebücher beweisen, Ergebnisse seines lebenslangen ununterbrochenen Philosophierens. Etwa von 1848 an finden sich immer häufiger Eintragungen, die auf eine mögliche Versöhnung, eine Auflösung des pantragischen Dualismus hinweisen.

Im Spätsommer 1852 gibt es zwei Briefstellen, in denen Hebbel sein früheres Schaffen als „vulkanisch und blutig“ abtut.[29]

Benno von Wiese stellt die zweite Dichtungsperiode Hebbels unter die Überschrift „Das Ich und die überpersönlichen Ordnungen“.[30] Die erste heißt bei ihm „Der Mensch als Widersacher Gottes“.

> In seiner [Hebbels] zweiten Periode überwiegt in wachsendem Maße eine stärkere Betonung der überpersönlichen Mächte und der Notwendigkeit des Universums. Der extreme Mißklang im Aufeinanderprallen von Ich und Welt, von Ich und Gott, soll gemildert werden zugunsten einer, wenn auch nur in der „Idee“ vollzogenen Versöhnung.[31]

Diese „Versöhnung in der Idee“ läßt sich an dem Vergleich der beiden Vatergestalten Meister Anton (Maria Magdalena) und Herzog Ernst (Agnes Bernauer) belegen. Beide sind von unerbittlicher Härte. Anton begegnet seinem Sohn Karl, den er für hoffnungslos mißraten hält, mit den Gefühlen tiefster Verbitterung und Verachtung. „Kinder sind wie Äcker, man sät sein gutes Korn hinein, und dann geht Unkraut auf“ (50). Jeder Versuch der Versöhnung wird verschüttet unter einem Berg von Mißtrauen, Ablehnung und Ungerechtigkeit. Anton bürdet seinem Sohn sogar völlig grundlos die Schuld am Tode seiner Frau auf. „Unschuldig und ein Muttermörder? (Lacht)“ (60). Als sich wirklich die Unschuld seines Sohnes herausgestellt hat, rechnet er kalt sein ungerechtes Urteil gegen die Begleichung von Karls Wirtshausschulden auf.

> Dir hätt' ich was abzubitten, aber wenn ich dir's verzeihe, daß du heimlich Schulden gemacht hast, und sie obendrein für dich bezahle, so werd ich's mir ersparen dürfen (91).

Mit gnadenloser Unversöhnlichkeit wird hier ein harter Kopf dem anderen entgegengesetzt. Es gibt kein verbindendes Gesetz, das beide unter einer übergeordneten Idee vereinen könnte.

Herzog Ernst hat seinem Sohn auch etwas abzubitten, eine weitaus schwerere Schuld. Er hat sie nicht aus Starrsinn, wie Meister Anton, sondern im vollen Bewußtsein ihrer tragischen Unausweichlichkeit auf sich genommen. Im Interesse des Staatserhalts hat er Albrechts geliebte Frau Agnes dem Henker überantwortet.

In der letzten Begegnung von Vater und Sohn „öffnet der Herzog die Arme und schreitet Albrecht entgegen“. Albrecht weicht zurück und will sein Schwert gegen den Vater ziehen.

> Albrecht: Nein, nein! Die Hölle über mich, aber Blut für Blut!
> Ernst: Halt! Erst nimm den da! (Er reicht ihm den Herzogstab...) Der macht dich zum Richter deines Vaters! Warum willst du sein Mörder werden?
> Albrecht: Mich schwindelt! Nimm ihn zurück! Er brennt mir in der Hand.
> Ernst: Trag ihn ein Jahr in der Furcht des Herrn wie ich! Kannst du mich dann nicht lossprechen, so ruf mich, und ich selbst will mich strafen, wie du's gebeutst...
> Albrecht (will niederknien): Vater, nicht vor Kaiser und Reich, aber vor dir![32]

Ein über den Personen stehendes sakrosanktes Gut, das Herzogtum, verkörpert im sakralen Symbol eines Stabes, versöhnt den Zwist der Individuen.

> Wir haben gesehen, wie in Hebbels Tragödien die immer größer werdende Kluft zwischen Gott und den Menschen mit *Maria Magdalena* zu jenem totalen Nihilismus führt, bei dem man nicht mehr erkennen kann, ob das, was den Menschen zerbricht, noch gut oder böse ist... Die gewachsenen Weltzustände, die geschichtlichen Situationen, die Sitte, die Pietät..., der Staat [sind es], die in der zweiten Periode an Bedeutung gewinnen und zu einer Unterstreichung des sittlichen Problems führen.[33]

1.4
Die Entstehung des Dramas und seine Rezeption

Mit Stolz verzeichnet Hebbel am 4. Dezember 1843 im Tagebuch: „Heute habe ich mein viertes Drama, ‚Ein bürgerliches Trauerspiel‘, abgeschlossen“ (T. 2910). Dann aber kam ein schlimmer Schock. Die Berliner Schauspielerin Auguste Stich-Crelinger, die vier Jahre zuvor die Aufführung seiner *Judith* bei ihrer Theaterintendanz durchgesetzt und selbst die Titelrolle gespielt hatte, lehnt diesmal ihre Verwendung für Hebbels Stück ab. In ihrer Begründung liegt eine heute nur noch schwer begreifliche Prüderie: „... Das Hauptmotiv der Handlung, die offenkundige Schwangerschaft der Heldin, stößt alles über den Haufen. Wie können Sie nur denken, daß das gehe."[34] Hebbel weist in seinem Antwortbrief beschwörend auf Fausts Gretchen hin, auf die Dirne Klärchen im *Egmont* – vergeblich.[35] Hebbel mußte noch über zwei Jahre warten, bis es fern in der Provinz, in Königsberg, zur Uraufführung seines bürgerlichen Trauerspiels kam.

Er hatte ein knappes Jahr daran gearbeitet, den Stoff aber wesentlich länger mit sich herumgetragen. Die erste Erwähnung der *Klara* findet sich im Februar 1839 im Tagebuch, also am Ende seines Aufenthaltes in München. Dort hatte er das Urbild seiner Handwerkerfamilie kennengelernt. Sein Zimmerwirt in der Ledergasse war der Tischlermeister (!) Anton (!) Schwarz. Dessen Sohn hieß tatsächlich Karl, war aber nicht nur ein jugendlicher Großtuer, sondern offenbar wirklich ein Nichtsnutz, der wegen Diebstahls ins Gefängnis kam. Die Tochter Josepha, genannt Beppi, wurde Hebbels Geliebte.

Im Frühjahr 1842, im Vorstadium der Arbeit an *Maria Magdalena*, bewegt Hebbel sich in Erinnerungen an seine Wesselburener Kindheit (s. T. 2523). Im Drama sind solche Kindheitserinnerungen, vor allem das Bild seines verdüsterten, immer mißgelaunten Vaters, mit verarbeitet.

Auch der abgestorbene Birnbaum im Garten des Tischlermeisters (50) ist eine Kindheitsreminiszenz.

Der mittellose Dichter hatte unterdessen für ein Kind zu sorgen, den 1840 unehelich geborenen Sohn seiner Hamburger Geliebten Elise Lensing, der er sich in einer „Gewissensehe" verbunden fühlte.

Im Herbst 1842 fährt Hebbel nach Kopenhagen, um sich bei seinem Landesherrn, König Christian VIII. von Dänemark, um eine Professur zu bewerben. Dort in der Fremde, in einem unbehaglichen, lichtlosen, ungeheizten Quartier, aus Sparsamkeit nur von Brot und Kaffee lebend, unter rheumatischen Schmerzen leidend, vollendet er den ersten Akt seines bürgerlichen Trauerspiels (1.5. 1843, s.T. 2677).

Statt der erhofften Professur erhält der Dichter ein zweijähriges Reisestipendium von 600 Talern. In Paris, von der einen Hälfte seines Stipendiums kärglich lebend (die andere hatte er Elise überlassen), trifft ihn im Oktober die Nachricht vom Tode seines Sohnes Max. In seiner Erschütterung spielt er mit dem Gedanken, das Trauerspiel als „Todten-Opfer" für sein Kind unvollendet zu lassen, „aber woher gleich ein neues Werk nehmen, und für die Existenz muß etwas geschehen, man muß schmieden an der Kette, solange man sie trägt".[36]

Nach der Enttäuschung durch den Crelinger-Brief setzt Hebbel alles daran, sein Stück schnell drucken zu lassen. Elise in Hamburg muß ihm helfen bei der Erstellung der Druckvorlage, muß korrigieren und paginieren und mit Campe verhandeln. Das Drama erhält nun erst seinen endgültigen Titel *Maria Magdalena.* Damit wird die Thematik der Tragödie in den Gleichnisraum des Neuen Testaments eingeordnet. Klara wird zur Büßerin, zu der die Volkslegende die biblische Maria Magdalena gemacht hat. Es muß bezweifelt werden, ob der Gleichnisbezug wirklich erhellend ist. Hebbel sagt selbst, daß Klaras Fehltritt „eigentlich gar keiner ist" (T. 3003), daß also eine Büßergesinnung Klaras gar keinen Anlaß hätte. Ihre Tat ist viel eher eine Opferhandlung. Wenn der Heiligenname aber ganz allgemein als Namenssymbol für weibliche Opferbereitschaft und Hingabe genommen wird, ist der Titel wieder sinnvoll.

Weniger sinnvoll ist der noch heute andauernde Streit, ob der Druckfehler der Erstausgabe, *Maria Magdalene,* dadurch als sanktioniert zu gelten habe, daß Hebbel ihn (zunächst) nicht moniert hat. Fast in allen brieflichen und sonstigen Äußerungen nennt Hebbel aber sein Stück *Maria Magdalena.* Joachim Müller sieht daher im Festhalten an der falschen Form nichts als philologische Pedanterie[37], während Lütkehaus meint, daß „auch die Psychopathologie des Druckerlebens ihren eigenen Sinn auszudrücken vermag: daß das Stück nicht bruchlos in seiner biblischen Symbolik aufgeht".[38]

Das weitere Schicksal des Trauerspiels ist zunächst eine Kette von Verkennungen. Hebbel hatte sich offenbar gründlich geirrt, wenn er 1843 meinte: „In dem Stück selbst kann diesmal kein Haar gefunden werden."[39]

Bei der Königsberger Uraufführung (13. März 1846) hat man es vorsichtshalber mit einer Komödie im französischen Stil zusammengespannt, *Drei Feen in Paris,* sozusagen als Satyrspiel nach der Tragödie.

> Das Publicum ... benahm sich so echt spießbürgerlich prüde dabei, es wehrte sich gegen den vernichtenden Eindruck, und die Dämchen hielten ihre weißen Schnupftücher vor die Augen und taten, als ob sie

sich schämten und sagten den anderen Thag beim Thee: Das Stück sei recht schön, aber eine Dame von Reputation könne doch nicht ein Stück mit ansehen, dessen Heldin „eine Verführte“ sei.[40]

Die Aufführung wurde nur einmal wiederholt.

Bei der Aufführung im Berliner königlichen Hoftheater 1850 sollen die Damen ähnlich reagiert haben. Sie verließen das Theater, als Klaras Zustand ihnen offenbar wurde.

Auch die zünftige Literaturkritik ließ kein gutes Haar an dem Stück. Julian Schmidt in *Grenzboten*, 1847:

Das ist alles Reflexion! alles erfunden! Was hat Poesie mit solchen Mißgeburten zu tun! Wenn der Dichter mit raffinierter Wollust sich selber einen wunderbar verwickelten psychischen Knoten knüpft, und ihn dann zerhaut, weil er ihn nicht auflösen kann, so schaudern wir, aber wir werden nicht erschüttert“.[41]

R. Bollmann (in *Blätter für literarische Unterhaltung*[42], Dez. 1847) wirft Hebbel ausgerechnet Mangel an glaubwürdiger Charakterzeichnung vor:

Diese psychologische Unmöglichkeit ist nun der Grundstein, der das ganze Gebäude trägt… Kein Wunder, daß es keinen Käufer findet.

Der ordinärste Verriß findet sich bei Adolph Glaßbrenner in seinem Pamphlet *Hebbels „Maria Magdalena“ und die sogenannte höhere Kritik*[43]:

Maria Magdalena, die sociale mater dolorosa, ist eine Dirne, die ihre ästhetisch häßliche That durch keine Sylbe entschuldigen kann. Statt nun aber mit kräftiger Seele sich selbst durchzuführen und in ein Haus zu gehen, wo man ohne Liebe eine Heldin der Liebe werden kann, wird sie auch noch so widerwärtig, ihre That sogleich zu bereuen und überliefert sich den Händen eines kranken weltschmerzigen Schriftstellers, gerät in dessen philosophische Tinte und läßt sich zur Heldin einer Tragödie machen … Maria Magdalena ist ein mißlungenes Product und ihr Verfasser daher kein Prophet. Durch jedes echte Kunstwerk muß die Musik der ewigen Harmonie klingen, über jedem einzelnen Grabe des Menschlichen der Engel der Versöhnung schweben, und jede Schmerzdissonanz sich in dem himmlischen Accord der Liebe und Freiheit auflösen. Herrn Hebbel's Tragödie aber ist eine Leiche, die vor unseren Augen anatomirt wird.

In Wien bemühte sich Hebbel zunächst vergeblich um eine Aufführung des Stückes. Der Hofschauspieler Heinrich Anschütz gibt ihm zwar zu erkennen, daß er selbst gern die Rolle des Anton spielen würde, daß er aber keine Chance sehe, daß Stück durch die Zensur zu bringen.[44] Zu seiner Verbitterung mußte Hebbel aber erleben, daß schon eine Parodie auf die Maria Magdalena aufgeführt wurde, nämlich Nestroys *Der Unbedeutende* (2. Mai 1846 im Leopoldstädter Theater).

Die Märzrevolution 1848 brachte endlich den Durchbruch für das Drama. Am 8. Mai dieses Jahres kam es auf die Bühne der Hofburg, und zwar „unverkürzt und unverändert" (T. 4396). Christine Enghaus spielte die Klara. „Es fand den ungeteiltesten Beifall und machte auch nicht in den bedenklichsten seiner Momente die Prüderie rege" (ebd.).

Sigmund Engländer, der Wiener Journalist, Hebbels Freund, schrieb damals von einem „politischen Ereigniß", einer „Manifestation des frei gewordenen Volkes, Epoche machend in der Geschichte des Burgtheaters". – „Hebbel wurde nach jedem Akt stürmisch gerufen."[45]

Der eigentliche Erfolg des Stückes aber kam erst im 20. Jahrhundert. In dessen 20er Jahren, der Zeit der großen Charakterdarsteller, feierte es Triumphe. Allein von 1918 bis 1926 gab es 1561 Aufführungen auf deutschen Bühnen.

Heute nimmt man eher ein sozialhistorisches Interesse an dem Drama. Klara und Anton werden gern als Paradigmata für antiemanzipatorische Zustände gesehen. Im ganzen gilt es als ein Zeugnis bürgerlicher Revolution. Anläßlich einer Inszenierung in Wiesbaden 1980 schrieb Peter Schütze: „Hebbel gewann dem Stillstand der bürgerlichen Welt das Drama ab, das die Vorwärtsschreitenden nicht lernten, der revolutionären Bewegung abzugewinnen."

2
Dramenhandlung und Figurenkonstellation

2.1
Inhaltsstruktur

2.1.1
Handlungszeit und dramatische Gliederung

Maria Magdalena wird oft als Muster eines analytischen Dramas zitiert.[47] Die dramatische Entwicklung nimmt ihren Ausgang weit vor dem ersten Akt. Die Prämissen des tragischen Schlusses enthüllen sich dem Zuschauer nur langsam und bruchstückweise; den vollen Überblick hat er erst im letzten Akt. Entscheidende Handlungsteile vollziehen sich zwischen den Akten oder verdeckt hinter der Bühne, z. B. das Duell Sekretär/Leonhard (s. a. Handlungstabelle S. 26f.). In einer Tagebuchnotiz von 1843 schrieb Hebbel selbst über die Form des Dramas, seine Idee enthülle sich im ersten Akt als „zuckendes Licht", im fünften schließlich als „verzehrender und zerstörender Komet".

Nach einer kurzen Exposition (I.1–I.3) wird Klaras ausweglose Situation in der vierten Szene offenbar. Die zerstörerische Konsequenz ist unausweichlich. Aus Furcht vor ihrem Vater ist Klara gezwungen, in die Ehe mit Leonhard einzuwilligen, im gleichen Augenblick wird sie sich aber erst ihres Widerwillens gegen ihn voll bewußt. Sie muß die materielle Sicherheit, die Leonhard mit dem Kassiereramt erlangt hat, begrüßen, weil sie die Eheschließung nicht mehr aufschieben darf, sie verabscheut aber die Mittel, mit denen Leonhard diese Stellung erlangt hat. In jede Richtung ist ihr der Weg verstellt. Sie muß wünschen, wovor ihr graut, sie muß zurückweisen, was sie sich wünscht. Wenn sie ihrem Vater ihre Lage offenbart, vernichtet sie ihn, wenn es ihr aber gelingt, sie ihm zu verheimlichen, zerstört sie sich selbst. „Mich trifft's allemal" (84).

Der Tod der Mutter raubt ihr den letzten möglichen Fluchtpunkt. Sehr bald schon (in II.1) wird ihr bewußt, daß sie ihr Leben stellvertretend für ihren Vater zum Opfer zu bringen hat.

Die Dramenhandlung beginnt an einem Sonntagvormittag im Frühsommer, der letzte Akt spielt 8 Tage darauf (S. 83, Z. 4: „Dir schrieb ich vor acht Tagen ab."). III.9 enthält eine genaue Zeitangabe für Klaras Selbstmord. „Wieviel ist's? Neun!" Dies ist zweifellos eine Anspielung auf die Passion Jesu: „Es war um die neunte Stunde" (Matthäus 27.46). Klaras Tod wird damit noch einmal nachdrücklich als ein stellvertretendes Opfer gewertet.[48]

Das gesamte Geschehen spielt sich also im Zeitrahmen einer Woche ab. Die endgültige Unausweichlichkeit ihres Todes wird Klara am Ende von III.4 nach dem Scheitern des letzten Gespräches mit Leonhard bewußt, den ersten Gedanken daran spricht sie in ihrem Monolog in II.2 aus.

Auf dem Weg zu Leonhard (77) will sie noch „an keinem der drei Brunnen stehenbleiben", an denen sie vorüberkommt, auf dem Rückweg ist ihr Entschluß, „noch heute aus der Welt zu gehen" (83) unumstößlich. „Was ich jetzt tu, das kommt über mich allein." (83 f.)

Der Gang der Handlung führt in gerader Linie zu dieser einzig möglichen Konsequenz: Sie wird „aus der Welt herausgedrängt".[49]

Der Schauplatz der Handlung wechselt nur einmal in III.1–6 („Zimmer bei Leonhard"). Alle übrigen Szenen spielen im Hause des Tischlermeisters. In Leonhards Amtszimmer ist Klara ein einziges Mal außerhalb ihres Schicksalsgefängnisses, zu dem ihr das Vaterhaus geworden ist. Aber dieses erhoffte und zugleich gefürchtete Asyl wird ihr erbarmungslos verschlossen. Sie kehrt um und stirbt.

Die dramatische Handlung mit all ihren Verwicklungen und Verästelungen folgt einer einfachen Grundlinie: dem Passionsweg Klaras. Von den ersten ahnungsvollen Andeutungen ihres nahen Endes steigert sich ihre Todesnot bis zu dem halb besinnungslosen Erlösungsschrei: „O Gott, ich komme" (91).[50] Alle Retardationen dieses Weges in den Einzelszenen des Dramas sind wie Kreuzwegstationen, die kaum eine Atempause gewähren. Dabei sind die seelischen Vorgänge, die die Substanz dieser Dramenhandlung ausmachen, nirgends durch Reflexion gebrochen; sie sind, wie Hebbel stolz bekannte, überall „ganz Bild, nirgends Gedanke, aber in letzter Wirkung ... von niederschmetternder Gewalt".[51]

2.1.2
Die Ausgangssituation

Szene I.1 zeichnet zunächst ein Scheinglück. Die Mutter ist von einer schweren Krankheit genesen. Aus Freude darüber hat sie ihr Hochzeitskleid angelegt. Ihre Freudenkundgebungen klingen aber wie Antizipationen ihres nahen Todes. „Du sprichst noch immer wie in deiner Krankheit" (38), sagt Klara. Ihrer Hellhörigkeit entgehen nicht die zahlreichen Signale der Todeszugewandtheit in den Reden der Mutter. Deren feierliche, mit Bibelzitaten überhöhte Bekenntnisse klingen wie ein letztes Vermächtnis. „Ich bin auf Gottes Wegen gegangen, ich habe im Hause geschafft, was ich konnte, ich habe dich und deinen Bruder in der Furcht des Herrn aufgezogen" (38). Das Perfekt unterstreicht den Charakter des Abschlußhaften, Endgültigen.

Die Mutter lebt nur noch, wie sie selbst bekennt, weil ihr „Feierkleid noch nicht fleckenlos und rein ist" (ebd.). Sie sieht ihre Genesung als „Frist, gegeben, sich zu schmücken für die ewige Hochzeit" (ebd.). Klara erschrickt über den ominösen Sinn dieser Worte.[52]

Schon über den ersten Szenen des Dramas liegt die bedrükkende Vorahnung eines nahen Todes. Seine Ausgangssituation ist wie sein Schluß von einer tragischen Unentrinnbarkeit bestimmt.[53]

2.1.3
Die Vorgeschichte und ihre Enthüllung

Es ist nicht einfach, die komplizierten personalen und motivischen Verflechtungen des Dramas beim ersten Sehen oder Lesen zu durchschauen. Manche Voraussetzungen eines Handlungsmotivs werden erst an viel späterer Stelle erklärt. Am Anfang von I.7 z. B. tritt Adam mit hämischen Anspielungen auf einen Wirtshausstreit in das Haus Antons: „Bezahl Er seine Wette … Wer wird Umstände machen, wenn er bei seinesgleichen ist" (58). Was das heißen soll, erfährt man erst in II.3, als Klara nämlich dem Kaufmann Wolfram die Geschichte von der Ehrenkränkung des Gerichtsdieners durch ihren Vater erzählt (70). Das erzählte Ereignis selbst liegt weit zurück in der Vorgeschichte der Dramenhandlung. Sie handelt von den verworrenen Liebesbeziehungen

Die Beziehungen zwischen offener und verdeckter Handlung
– tabellarische Übersicht über Abläufe vor und zwischen den Spielhandlungen

betroffene Person	vor Akt I	Belege	Verdeckt in I	Belege
Therese (Mutter)	erholt sich von schwerer Krankheit.	I.1; I.4; II.5	geht an einem offenen Grab vorbei und wirft ihre Blumen hinein; Gespräch mit dem Totengräber.	I.3; I.6
Anton	kränkt den Gerichtsdiener öffentlich in seiner Ehre; erläßt Meister Gebhard seine Geldschuld.	II.3; I.5		
Klara	erregt Leonhards Eifersucht mit ihrer Liebe zu Friedrich; läßt sich von Leonhard zum Sexualverkehr erpressen.	I.4; II.5		
Leonhard	erschleicht das Amt des Kassierers; wirbt um Klara wegen ihrer Mitgift.	I.4		
Karl	führt eine Handwerksarbeit im Hause Wolframs aus.	I.6	wird auf der Kegelbahn verhaftet.	I.7; III.10
Wolfram	verdächtigt Karl des Juwelendiebstahls.	I.6; II.3		
Friedrich (Sekretär)	trifft nach langer Abwesenheit seine Jugendliebe Klara wieder.	I.4; II.5		
Adam			führt den verhafteten Karl „straßauf, straßab" durch die Stadt.	I.7; III.10

zwischen I/II	Belege	zwischen II/III	Belege	verdeckt in III	Belege
Begräbnis der Mutter	II.1				
begleicht die Schulden Karls.	II.1; III.10	erfährt, daß Karl unschuldig ist.	III.10		
übernimmt die Haushaltsführung bei ihrem Vater.	II.1			stürzt sich in den Brunnen.	III.11
wirbt um die Nichte des Bürgermeisters.	III.1	verlobt sich mit der Nichte des Bürgermeisters.	III.4	wird im Duell von Friedrich erschossen.	III.11
hört im Gefängnis die Totenglocke zum Begräbnis der Mutter.	III.7	wird aus dem Gefängnis entlassen.	III.7; II.5		
findet seine Juwelen wieder.	II.3				
				erschießt Leonhard im Duell; wird selbst dabei auf den Tod verwundet.	III.11

Klaras, von der familiären Zerrüttung im Hause des Tischlermeisters und von der Beziehungsklüngelei eines korrupten Gemeinwesens. Alle diese Bezüge erhellen sich erst nach und nach in den Gesprächsszenen (s. a. die tabellarische Übersicht S. 26f.).

Die Enthüllungsszenen für die Vorgeschichte Klaras sind I.4, II.5 und III.1. Im ersten Dialog Klaras mit Leonhard erfährt der Zuschauer, zunächst nur in einer dunklen Andeutung, daß Klara schwanger ist. „Leonhard (mit Beziehung): Hat dein Zahnweh von neulich nichts zu bedeuten gehabt? Klara: O Leonhard, es war nicht recht von dir“ (43). In zynischem Triumph gibt sich Leonhard erfreut darüber, daß Klara nun an ihn gebunden ist. Er dagegen entgeht seinen Vaterverpflichtungen, wenn sie ihn verschmäht. „So frei fühlst du dich von mir? Mir kann's recht sein“ (ebd.). Klaras „Verdrießlichkeit“ (37, Z. 13; 43, Z. 2), an der ihre Mutter und Leonhard Anstoß genommen hatten und die zunächst wie eine jungmädchenhafte Verstimmung erschien, enthüllt sich jetzt dem Zuschauer als eine tiefe seelische Not. Gebunden an den Mann, den sie verachtet, ohne Hoffnung, den wirklich Geliebten jemals zu erlangen, ist Klara verzweifelt.

Hinzu kommt ihre komplizierte familiäre Situation. Sie liebt und verehrt ihre Mutter, der sie sich aber nicht eröffnen kann, weil es keine Brücke zwischen der beschränkten Hausmuttermoral Thereses („Das hat meine Mutter auch nicht gelitten“, 40) und den elementaren Gefühlsansprüchen der Tochter gibt, die sie nur gegenüber dem Sekretär zum Ausdruck bringen kann. Der Bruder steht zu ihr in einem gespannten Verhältnis kleinlicher Eifersucht.

Der heftige, aber für handwerksbürgerliche Verhältnisse nicht untypische Generationenkonflikt zwischen Vater und Sohn reicht ebenfalls in die Vorgeschichte der Dramenhandlung zurück. Der soziale Hintergrund (nach dem Programmzettel „eine mittlere Stadt“) wird von Chargen und verdeckten Figuren repräsentiert. Bürgermeister, Pastor, Apotheker, Kaufmann, der Zunftgenosse Gebhard und der Gerichtsdiener, sie alle sind durch Geschäfts- und Darlehensbeziehungen (Anton/Apotheker/Gebhard), durch Abhängigkeits- und Unterordnungsverhältnisse (Leonhard/Adam/Bürgermeister), persönliche und verwandtschaftliche Beziehungen (Wolfram/Bürgermeister/seine Nichte), durch Nachbarschaftsklatsch und Gerede (68), Katzbuckelei und brutale

Rivalitätskämpfe aneinander gebunden. Die Öffentlichkeit dieser Stadt ist eine lauernde feindliche Macht, in der man „Spießruten läuft, straßauf, straßab“ (61). Die soziale Vorgeschichte ist die eines gestörten Gemeinwesens.[54]

In alledem hat sich die „vernichtende Traurigkeit“, von der Heinrich Laube sprach (s. Anm. 53), lange vor dem ersten Akt angebahnt (s. Tabelle S. 26).

2.1.4 Der zentrale Konflikt

Wer steht in der Welt dieses Dramas, die von sozialer Kälte und Beziehungslosigkeit bestimmt ist, eigentlich mit wem in Konflikt? Sind es Personen und Gruppen, die miteinander im Kampf liegen, oder sind überpersönliche Mächte im Spiel?

Der Vater-Sohn-Gegensatz, ein geläufiges literarisches Motiv im 19. Jahrhundert, ist hier nur ein auslösendes Moment der Verwicklung, kein konstituierendes. Die beiden Standesrivalen Anton und Adam toben ihren verletzten Männerstolz gegeneinander aus. Der Streit hat zwar eine verheerende Wirkung, diese gründet aber eigentlich auf einer unglücklichen Verkettung von Zufällen. Zur Obrigkeit schließlich steht Anton in einem mitunter grimmig aufbegehrenden, mißtrauischen Verhältnis, aber letzten Endes unterwirft er sich ihr als einer gottgewollten Übermacht (66 f.).

Hebbels tragische Auseinandersetzungen spielen sich vordergründig in einer sozialen oder geschichtlichen Wirklichkeit ab; aber sie widerspiegeln darüber hinaus die metaphysischen Anschauungen des Dichters. Seine Idee von einer im Urgrund des Seins angelegten zerstörerischen Dialektik hat er in seinen grüblerischen Aufsätzen (auch in dem schwierigen und problematischen Vorwort zur *Maria Magdalena*) immer wieder philosophisch zu systematisieren versucht[55] (s. a. Abschnitt 3 dieser Arbeit).

Hebbels Menschen, sagt Ziegler, „scheitern nicht am Empirischen, sondern sie scheitern am Mißverhältnis der Empirie zu dem sich ihr verweigernden Absoluten“.[56] – „Ihre Existenz ist nur noch auf trotzig verbissener Bejahung und Übertäubung ihrer Nichtigkeit gegründet.“[57]

In seiner verbissenen, alle Wirklichkeit und Bedingtheit des Lebens leugnenden Trotzhaltung will Anton sein Schicksal abwenden, das ihn in Ehrlosigkeit und Schande zu stürzen droht. Er kämpft gegen eine Wirklichkeit, die er nicht wahrhaben will. Im Grunde seines Herzens weiß er, daß er etwas abwenden will, was sich längst vollzogen hat. „Zweifelt Er? Er möchte wohl, aber Er kann nicht" (93). Lieber weist er sein Kind „auf den Weg des Todes hinaus" (ebd.), als daß er seine Unzulänglichkeit akzeptiert. Sein Mangel an Liebe liegt in seiner Unfähigkeit, Schwäche und Ohnmacht des Menschen liebend zu bejahen.

Die vernichtende Tragik der *Maria Magdalena* beruht nicht auf dem Standeskonflikt des klassischen bürgerlichen Trauerspiels, sie hat ihr Zentrum in den Personen selbst. Der selbstüberhebende Anspruch Meister Antons heißt, daß Welt und Menschen sich bedingungslos seinen sittlichen Vorstellungen fügen sollen, aber es fügt sich ihnen nicht einmal der eigene Sohn. Als auch die Tochter seinem Anspruch nicht genügt, wird sie „aus der Welt herausgedrängt". Sein Konfliktgegner ist nicht eine real faßbare soziale oder personale Gegengewalt, sondern die Welt selbst, mit deren moralischen Prinzipien er sich tragisch-ironischer Weise im Einklang wähnt, die er am Schluß aber „nicht mehr versteht" (94).[58]

2.2
Handlungsmotive

2.2.1
Die „Gebundenheit des Lebens"

> Es war meine Absicht ... zu zeigen, daß auch im eingeschränktesten Kreis eine zerschmetternde Tragik möglich ist, wenn man sie nur aus den rechten Elementen, aus den diesem Kreise selbst angehörigen, abzuleiten versteht (T. 2910/4. 12. 1843).

Dies schrieb Hebbel unmittelbar nach Abschluß der Arbeit am Drama.

Als „eingeschränktester Kreis" wurde oft verengend nur das soziale Milieu des Stückes gesehen, die zunfthandwerkliche Bürgerfamilie, freilich auf ihrer „Schwundstufe".[59] Gewiß, fast alle Szenen spielen in einem „Zimmer im Hause des Tischlermeisters“, einem Handwerkerhaus, das in der einstigen Handwerksherrlichkeit das „Ganze“ oder „Große Haus“ genannt wurde, mit Gesellen und Gesinde. Hebbel aber will, wie meistens, auch hier über das Reale, empirisch Faßbare hinaus vorstoßen in einen Raum metaphysischer Gesetzlichkeit. Es ist „die Gebundenheit des Lebens in der Einseitigkeit, aus der von vornherein alles Unheil der Welt entspringt“.[60]

Dieselbe „zerschmetternde Tragik“ wie etwa in Shakespeares Königsdramen vermag auch das Haus des kleinen Handwerksmeisters zu treffen, der nicht einmal lesen gelernt hat (59).

Die beiden Begriffe „Eingeschränktheit“ und „Gebundenheit“ korrespondieren auffällig miteinander. Benno von Wiese setzt sie ganz unbefangen einander gleich: „Die Tragik wurzelt in der *Maria Magdalena* in der Eingeschränktheit, in der schrecklichen Gebundenheit des Lebens in der Einseitigkeit.“[61]

Trotzdem hatte Hebbel die Hoffnung, „daß die Welt sich zu reineren und höheren Formen durcharbeiten wird“.[62] Hebbel ordnet sein Drama „in eine entwicklungsgeschichtliche Dialektik ein, für die seine Klara zwar ein tragisches Opfer bleibt, aber die Welt ... wird nicht umhin können, ihr Vermächtnis zu vollstrecken.“[63]

Die „Gebundenheit des Lebens“ meint die Gebundenheit des Menschen nicht nur an seinen sozialen Zustand, sondern auch an überpersönliche Mächte und Ideen, deren Einseitigkeiten der Weltlauf aber ständig revidiert, während Meister Anton sie in starrem Trotz zu behaupten versucht.

2.2.2
Das Schuldproblem

Die Arbeit an der *Maria Magdalena* war begleitet von einem quälenden Schuldbewußtsein Hebbels gegen seine ungeliebte Geliebte Elise Lensing. Es hatte sich nach dem Tod des Sohnes Max (Okt. 1843) ins Unerträgliche gesteigert (s. a. Abschnitt I.4 dieser Arbeit).

Hebbel hat „sich von Schuld nicht freigehalten, hat rücksichtslos Menschen, die sich oder die wenigstens viel für ihn geopfert hatten, von sich gestoßen, um dem Ruf seines Genius folgen zu können“.[64]

Es waren zwei Frauen, die sich der Dichterlaufbahn Hebbels zum Opfer gebracht haben: Elise, die ihm zwei Kinder gebar, und

Josepha, die Tochter des Münchner Tischlermeisters Schwarz, die er zärtlich Beppi nannte. Josepha hat ihm mit ihrer Liebe wie eine demütige Magd gedient und dafür, abgesehen von einigen schüchtern geäußerten Ehehoffnungen, nie einen Lohn erwartet. Elise hat ihm darüber hinaus ihre materielle Existenz geopfert.

> Elise ist es, die mich mit Aufopferung ihres ganzen kleinen Vermögens sowohl in Heidelberg als in München auf der Universität erhielt (T. 1865).
>
> Elise opferte sich selbst auf, stickte und nähte Tag und Nacht und freute sich, wenn sie mich der drückendsten Verlegenheit entheben konnte (ebd.).
>
> Ich habe Elise, ich habe die treuste, edelste Seele, das himmelschönste Gemüt, die alle meine Unarten erträgt, meinen Unmut verscheucht, sich über mich vergißt und nur das fühlt, was von mir ausgeht oder mich angeht (T. 2446).
>
> Elise ist völlig entblößt, sechs Jahre hat sie mich über den Wellen gehalten, nun ist sie selbst dem Untergang nahe, und ich habe kein Boot, in das ich sie hineinziehen kann (T. 2545).

Man weiß, wie die Geschichte ausging. „Schüttle alles ab, was dich in deiner Entwicklung hemmt, und wenn's auch ein Mensch wäre", schrieb Hebbel im Frühjahr 1845 in sein Tagebuch (3425). Ein Jahr später vermählte er sich mit Christine Enghaus, der bildschönen, gefeierten Wiener Schauspielerin.

Auf Elises verbitterten Protest reagierte der Dichter mit Empörung:

> Sie hatte mir immer gesagt und geschrieben, daß ich frei sei, daß sie keinen Anspruch auf mich mache, sondern daß sie unbedingt zurücktreten werde, sobald sie meinem Glück im Wege stehe; ich hatte hierin stets einen Beweis hoher Sittlichkeit erblickt ..., ich war also auf ein ganz anderes Benehmen gefaßt gewesen (T. 3874).

Beppi machte ihm keine derartigen Schwierigkeiten. Sie trug ihm bei seiner Abreise aus München (März 1839) „sein Ränzchen bis ans Ende der Ludwigstraße" (T. 2654). „Dann schieden wir unter unendlichen Tränen" (ebd.).

Im Tagebuch und in den Briefen läßt sich verfolgen, wie die Ablösung von Elise sich nach Abschluß der *Maria Magdalena* allmählich vollzieht. Hebbel wurde bewußt, daß er in all seiner drückenden Armut ein gefeierter Dichter zu werden begann. Im September 1844 hat er sich noch überschwenglich bei Elise für die Hilfe bedankt, die sie ihm bei Drucklegung und Korrektur der Buchausgabe des Trauerspiels geleistet hat; die Vermählung mit Christine Enghaus erfolgte im Mai 1846. „Handeln ist höchster Egoismus" (T. 2564). Wolfgang Liepe hat das Lebensproblem Hebbels als „Spannung zwischen Schuldbekenntnis und Schuldflucht" bezeichnet.[65] Diese Spannung ist in sein bürgerliches Trauerspiel eingegangen. „Das böse Gewissen der Menschen hat die Tragödie erfunden" (T. 5611).

2.2.3 Der soziale Hintergrund

Bis ins 18. Jahrhundert gewährten Zunftprivilegien und Zunftautonomie den seßhaften Handwerksmeistern ein erhebliches Maß an wirtschaftlicher, rechtlicher und politischer Macht. Zunftverbände oder, wie sie sich auch nannten, Ämter und Gilden gaben sich eigene Gesetze. Sie unterbanden nicht nur rigoros die unliebsame Konkurrenz zugewanderter Gesellen, sie wachten auch streng über Sitte und Moral ihrer Mitglieder. Die Zunftverfassung verbot in aller Regel die Zulassung von unehelich Geborenen und von sogenannten „Unehrlichen", d. h. Abkömmlingen von Henkern, Abdeckern und eben auch Gerichtsdienern. Darüber gab es eherne Regeln.[66]

In Antons Handwerksmeisterstolz zeigt sich ein Rest jener alten Zunftgerechtsamkeit, hinter der etwas mehr steckte als purer Hochmut gegen gesellschaftliche Randexistenzen. Indem er sein Glas von dem des Gerichtsdieners wegrückt, behauptet er ein überholtes Standesprivileg (s. II.3). Dieses Selbstgefühl des Privilegierten wird nun durch den Diebstahlsverdacht gegen den Sohn zutiefst erschüttert. Käme dazu die Unehrbarkeit der Tochter, wäre dies eine bürgerliche Katastrophe.

Dabei war die Zeit der mächtigen großen Handwerkshäuser zu seiner Zeit längst dahin. Die Gewerbefreiheit hatte den Kleinbetrieb begünstigt. Oft arbeiteten schon Alleinmeister ohne Gesellen.[67] Viele Handwerkszweige waren überbesetzt, Meister und Gesellen sanken ins Proletariat ab. Dazu kam der Hochmut einer neu aufsteigenden Kaste: der Schreibkundigen.

> Man hat den arbeitenden Teil der Einwohner etwas verlieren lassen, ich meine das Gefühl von bürgerlicher Würde und Wichtigkeit, an dessen Stelle ein drückender Begriff von Niedrigkeit, welcher nahe an

Verachtung grenzt, getreten ist. Wer nur immer von der Feder ist, nimmt sich gegen die Handwerker fast entehrende Freiheiten heraus.[68]

Mit starrsinnigem Standesstolz kompensiert Meister Anton sein dumpfes Gefühl der Statusunsicherheit und Deklassierung. Sein sozialer Anspruch und seine soziale Stellung klaffen längst auseinander. Nur noch sein sittliches Superioritätsgefühl gibt ihm Sicherheit. In ihm haben sich überholte Standesregeln und eine lebensfeindliche Kirchenfrömmigkeit zu einem starren Ehrbarkeitskodex verfestigt. Der ehrbare Meister hat sich zu einem absoluten Hausmonarchen erhoben. Dabei ist sein Haus nach handwerklichen Begriffen klein; sein Sohn ist offenbar sein einziger Geselle (92, Z. 6 f.), und der will ihn verlassen.

Wenn zur Zeit der Zunftgerechtsamkeit, also vor der Einführung der Gewerbefreiheit, ein Geselle längere Zeit außerhalb seines Handwerks gearbeitet hatte, verlor er alle seine Zunftprivilegien. Ein guter Zunftgenosse verriet sein Handwerk nicht. Karls Entschluß, zur See zu fahren, ist, so gesehen, nicht nur eine Lossagung vom Vater, sondern von seinem Stand. Hinter Antons lapidarer Antwort: „Wir werden's abwarten" (92) steckt viel verhohlene Bitterkeit.

Wie der Sohn, so soll sich auch die Tochter zu ihresgleichen halten (75). Die Verbindung zu einem Gemeindebeamten, dem Kassierer Leonhard, ist zwar nicht unstandesgemäß. Anton fragt sogar, wenn auch mit einiger Ironie, ob er vor dem „Herrn" seine Hauskappe aufbehalten darf, denn dieser gehört ja nun zur Obrigkeit (47). Eigentlich ist Klara aber damit schon über die Grenzen ihrer ständischen Gebundenheit hinausgegangen, die Beziehung zu dem Akademiker Friedrich ist nun vollends „Hochmut" (75).

Dieser Friedrich aber bricht mit seinem ungestümen Freiheits- und Lebensgefühl für einen Augenblick den Bann, der auf dem Hause Antons liegt. Noch an der Schwelle des Todes streckt er seine rettende Hand aus, aber Anton „steckt beide Hände in die Tasche" (94).

2.3
Die „ehrbare Familie"

2.3.1
Meister Anton

Er tritt eigentlich selten auf. Nur in 6 der 24 Szenen des Stückes steht er selbst auf der Bühne.[69] Aber er beherrscht das Stück, wie er sein Haus beherrscht. Er ist allgegenwärtig. Sein Gewissensdruck lastet über seinem Lebenskreis. Seine Familie sieht sich ständig vor seinem unsichtbaren Richterstuhl. In zwanghaften, selbstquälerischen Monologen sucht sich seine Tochter vor ihm zu rechtfertigen[70], sein Sohn „prozessiert" in einer langen Anklagerede (86f.) gegen die gottväterlichen Ordnungsgebote des Vaters, ja sogar Leonhard bemüht sich eifrig um einen „Freispruch" vor dieser übermächtigen moralischen Instanz (52). Die Mutter setzt den Herrn des Hauses fast ranggleich mit dem Herrn der Welt, indem sie beide in einem Atemzug nennt (38, Z. 5–7). Nur der Sekretär wahrt gegen ihn seine innere Unabhängigkeit (94).

Wie erklärt sich eine solche erdrückende psychologische Übermacht? Ist die Figur des Meister Anton psychologisch plausibel, historisch-soziologisch klassifizierbar, dichterisch überzeugend?

An diesen Fragen entzündete sich die Hebbel-Interpretation der letzten Jahrzehnte, die in Helmut Kreuzers Sammeltitel *Hebbel in neuerer Sicht* (1963) ihren programmatischen Ausdruck gefunden hat.

Die Antworten sind mannigfaltig, ja gegensätzlich wie auch die Untersuchungsaspekte. Literatursoziologische, religiös-metaphysische, tiefenpsychologische und motivgeschichtliche Interpretationen haben sich der Gestalt jeweils mit ihrer eigenen Methode zu nähern versucht.

Ludger Lütkehaus sieht in Meister Anton einen „versteinerten Sozialcharakter"[71], der „auf der Schwundstufe des Zunfthandwerks"[72] stehe. Es widerspiegele sich in ihm „die ganze sozioökonomische Misere des späthandwerklichen Kleinbürgertums"[73], die „griesgrämige puritanische Askese in Permanenz".[74]

Dagegen Hartmut Reinhardt: „Dem Stück ist nicht beizukommen, wenn man nur seine historischen Materialien zum beliebten Bild der bürgerlichen Misere zusammenzwingt."[75]

Benno von Wiese sieht in dem Drama „keine tendenziöse Anklage gegen die bürgerliche Gesellschaft", sondern das „Unterliegen des Einzelwillens gegen den Weltwillen".[76] Dagegen Joachim Müller: „Die bürgerliche Unmenschlichkeit und ihre moralische Verständnislosigkeit wird objektiv gerichtet."[77]

Eine „Transposition tiefenpsychologischer Anschauungen der Romantik" sieht Wolfgang Ritter in Hebbels Charaktergestaltung[78], und er verweist auf Hebbels frühe Lektüre von G. H. Schuberts „Nachtseite der Naturwissenschaft" noch in der Wesselburener Amtsschreiberzeit. Birgit Fenner dagegen verwendet hierfür die Freudschen Begriffe „Triebambivalenz" und „Triebdynamik".[79] Martin Stern schließlich sieht „die antagonistische Welt" des Tragikers Hebbel als kontrapunktisch gegeneinander gesetzte Motive wie „Gefangenschaft" und „Freiheit".[80]

Ist angesichts einer solchen interpretatorischen Vielfalt und Gegenläufigkeit eine Zusammenschau noch möglich?

Wenn wir Hebbel selbst fragen, so müssen wir feststellen, daß er bei der Gestaltung des Meister Anton offenbar gar keinem vorgefaßten Konzept folgte; er ließ sich vielmehr selbst von seiner Entwicklung „überraschen". „Höchst gespannt bin ich, wie sich mein Meister Anton entwickeln wird, bis jetzt ist's ein prächtiger Kerl."[81] In seiner Produktion ließ er sich überhaupt mehr von Visionen als von Konzepten leiten. „Ich sehe Gestalten, mehr oder weniger hell beleuchtet, sei es im Dämmerlicht meiner Phantasie oder der Geschichte ... Kopf nach Kopf tritt hervor."[82] Hebbel, dem Karl Jaspers ein „Dichten aus der spekulativen Konstruktion" vorgeworfen hat[83], beschreibt sein Dichten als träumerisch-somnambulen Vorgang. „Dichten und Nachtwandeln sind ja nur dem Grade nach verschieden."[84] Schon früh war ihm bewußt, daß „der Dichter nicht in die Natur hinein, sondern aus ihr heraus dichten" müsse (T. 136, 1836). Gerade in der *Maria Magdalena* kam es Hebbel darauf an, „alle Seitenblicke des Gedankens und der Reflexion zu vermeiden, da sie mit den dargestellten Charakteren sich nicht vertragen" (T. 2910).[85]

So ist auch Meister Anton keine ausgedachte, sondern eine erschaute, mit dem Fortgang der Arbeit ins Übermächtige gewachsene Figur. „Der Alte ist ein Riese geworden"[86], schreibt er am Tage nach dem Abschluß der Arbeit an Elise Lensing.

Diesen Bekenntnissen zu einer ganz intuitiven, träumerisch

unbewußten Arbeitsweise stehen die komplizierten dramaturgischen und philosophischen Konstruktionen des Vorworts zur *Maria Magdalena* merkwürdig beziehungslos gegenüber. Sie haben das Vorurteil genährt, Hebbel sei kein Dichter, sondern ein kalt reflektierender „Literat mit dichterischen Anlagen" (Gundolf). Offenbar aber sah Hebbel im Dichten einen irrationalen Ausnahmezustand jenseits aller Reflexion.

In der Gestalt des Meister Anton sind Kindheitsängste mit späteren Selbsterfahrungen des Dichters verschmolzen. Sie ist „Fleisch vom Fleisch und Blut vom Blut ihres Schöpfers".[87] Sie hat, wie man weiß, entscheidende Züge von Hebbels Vater erhalten, dem freudlosen Wesselburener Maurer, der die Kindheit des Dichters bedrückt hatte.

> Ich träumte mich neulich ganz und gar in meine ängstliche Kindheit zurück, es war nichts zu essen da, und ich zitterte vor meinem Vater wie einst (T. 937).
>
> Er haßte die Freude, zu seinem Herzen war ihr durch Disteln und Dornen der Zugang versperrt, nun konnte er sie auch auf den Gesichtern seiner Kinder nicht ausstehen, das frohe, brusterweiternde Lachen war ihm Frevel, ... Hang zum Spiel deutete auf Leichtsinn ... Dennoch war mein Vater ein herzensguter, treuer, wohlmeinender Mann (T. 1323).

Diese Züge flossen ineins mit denen des Münchner Tischlermeisters Anton Schwarz, bei dem Hebbel in München Wohnung genommen hatte und dem er für seine Dramenfigur den Vornamen, das Metier und die ehrbare Handwerkergesinnung entlehnte.[88]

Einen weiteren Charakterzug entnahm Hebbel seiner eigenen Natur. Er war bekanntlich Choleriker. Er litt selbst unter seiner krankhaften Verletzlichkeit, seinem Mißtrauen gegen Menschen und seinen unberechenbaren Wutausbrüchen.

> Durch nichts greif ich die Unverletzlichkeit eines Menschen mehr an, als durch meine nichtswürdige, alle Grenzen überschreitende Empfindlichkeit, denn gegen sie kann er sich so wenig schützen als verteidigen, weil er in ihr Krankheit oder Krankhaftigkeit schonen zu müssen glaubt (T. 576, 1837).

So verdichten sich in der Figur des Meister Anton Lebenserinnerungen des Dichters, sein Leiden an eigener Schwäche und reale

Begegnungen zu einem Bündel von charakterlichen Widersprüchen: Verächtlichkeit und Verletzlichkeit, Weltverachtung und Weltangst, Stolz und Scham, Gefühlskälte und Gefühlsrausch, Gottesfurcht und Selbstüberhebung, Klugheit und Ahnungslosigkeit, Erbarmungslosigkeit und Mitleid, selbstverleugnender Opfermut und ein ungeheurer Gefühlsegoismus.

Mit der folgenden werkimmanenten Analyse von zwei Einzelszenen soll versucht werden, der inneren Einheit dieser Figur nahezukommen. I.5 und II.1 bringen sie in zwei ganz unterschiedlichen inneren und äußeren Situationen zur vollen Entfaltung. Zwischen den beiden Szenen steht die familiäre Katastrophe des Aktschlusses von I.

I.5:
Es erscheint der lange Verkündete. In den vier vorausgehenden Szenen war von ihm immer die Rede. Wir sahen sein Bild unterschiedlich widergespiegelt in der Mutter, der Tochter, dem Sohn und dem Brautwerber.[89]

Aber der wie ein Herrscher Erwartete tritt ein mit einer Demutsgebärde: „Ist's einem alten Manne erlaubt, sein Haupt zu bedecken?"(47) Der Respekterweis des Handwerkers gilt einem Jüngeren, aber gesellschaftlich Ranghöheren, dem gerade zum Kassierer ernannten Leonhard. Die ständischen Über- und Unterordnungsrituale, die genau vorschreiben, wer vor wem den Hut zu ziehen hat, hält Meister Anton peinlich genau ein, so wie er ihre Einhaltung nach unten unerbittlich einfordert, z. B. dem Gerichtsdiener Adam gegenüber.[90] Leonhard reagiert geschmeichelt: „Er weiß also –" (48). Da wird die Höflichkeitsgeste aber schon mit einer sarkastischen Bemerkung wieder zurückgenommen und entlarvt sich als listige Täuschung: „Ich hörte ... ein paar von Seinen guten Freunden auf Ihn schimpfen. Da dachte ich gleich: der Leonhard hat gewiß den Hals nicht gebrochen." (48) Die beiden Dialogfiguren von I.5, der „Riese" Anton und der „Lump" Leonhard[91] liefern sich in ihrer moralischen Disparität gegenseitig den Maßstab ihres Charakters. Diese Kontrastierung ist ein gekonnter dramaturgischer Kunstgriff Hebbels.

Der Gesprächsverlauf führt zur Enthüllung des schäbigen kleinen Mitgiftjägers Leonhard. Er wird zum Bekenntnis seiner wahren Absichten unerbittlich hingetrieben. Der ehrbare Handwerksmeister spielt Katz und Maus mit dem verkniffenen Ehrgeizling.

Es geht um den Verbleib einer Geldsumme von tausend Talern. Der kleinstädtische Klatsch weiß offenbar von diesem Sparkapital Meister Antons; Leonhard spekuliert darauf. „MEISTER ANTON: ... (Er trommelt auf einer Kommode.) Daß das Holz nicht durchsichtig ist, wie? – Er ist ja ordentlich blaß geworden! LEONHARD: Ich versteh Ihn nicht!" (52) Er versteht nur zu gut, er muß sich ertappt fühlen, als er mit geldgierigem Blick die Kommodenschubladen musterte. Seine lauernden Fragen läßt Meister Anton listig ins Leere laufen. Hat der bankrottverdächtige Apotheker sein Darlehen an den Alten nun zurückgezahlt oder nicht? „LEONHARD: Weiß Er, daß der Apotheker nah am Konkurs ist? MEISTER ANTON: Was kümmert's mich! LEONHARD: So gar nichts? MEISTER ANTON: Doch! Ich bin ein Christ. Der Mann hat viele Kinder." (51) Das Gespräch nimmt eine ironische, ja geradezu tragikomische Wendung für Leonhard. Meister Anton bekennt offen, er habe das Geld verloren. „LEONHARD: Spaß! MEISTER ANTON: Ernst!" (51) Was geht jetzt in Leonhard vor? In der Konsequenz seines Charakters läge es, seine Werbung um Klara, die ihm auf der Zunge liegt, zurückzuhalten. Sie bringt ihm ja nichts mehr ein. Aber er spekuliert noch – und verspekuliert sich. Der Gerissene wird vom Ehrlichen überlistet. Leonhard vermutet, der Alte wolle nur seine Uneigennützigkeit auf die Probe stellen. So setzt er alles auf eine Karte und spricht die Werbung aus. „LEONHARD: ... Ich kam, Ihn um Seine Tochter – MEISTER ANTON: Halt Er ein! Vielleicht sag ich nicht nein!" (52) Aber nun fügt Leonhard, um dem Alten zu imponieren, seiner Werbung ein geheucheltes Bekenntnis zur materiellen Bedürfnislosigkeit hinzu: „Was tut's? Wir machen aus der Fastenspeise unser Sonntagsessen und aus dem Sonntagsbraten unsern Weihnachtsschmaus." (52) Er hofft, als Lohn für die bestandene moralische Bewährungsprobe mit der Braut auch die Mitgift einzuheimsen. Er denkt immer noch, der Alte habe nur Spaß gemacht. Der aber macht ihm ein Kompliment für seine brave Rede und erklärt ihm, wo das Geld geblieben ist. „LEONHARD: (beiseite) Also doch weg!" (53) Seine Spekulation ist fehlgeschlagen.

Nun aber beginnt erst die eigentliche moralische Prüfung des als Schwiegersohn Angenommenen. Er soll zeigen, daß er seinem

Schwiegervater moralisch ebenbürtig ist. Diese Prüfung besteht er nicht.

Meister Anton erzählt in sich steigernder Selbstergriffenheit die Geschichte von den tausend Talern. Dabei kreist seine Rede eigentümlich um die Begriffe Schuld und Bezahlung.[92] In seiner Jugend fühlte er sich schuldig gegenüber seiner verwitweten und verarmten Mutter, weil er sich „gern das Essen abgewöhnt" hätte, dabei aber „ungeschickt blieb" (54) und darum mit sich selbst haderte, „als ob's meine eigene Schuld wäre" (ebd.). Der Tischler Gebhard, sein Lehrmeister und Wohltäter, löst ihn aus dieser Schuld, indem er ihm das Lehrgeld erläßt und ihm dazu noch ab und an „ein gutes Trinkgeld für seine alte Mutter zu verdienen" gibt (54). Er fühlt sich sein Leben lang als Schuldner gegenüber diesem Mann, dem er „alles verdankte" (54), der ihm zuletzt tausend Taler schuldete, dem er nun aber seine Dankesschuld erstattet, indem er dem Toten den Schuldschein in den Sarg legt: „Ehrlich bezahlt!" (55)

Meister Gebhard war nicht nur als Tischler, sondern auch in seiner bärbeißigen, gefühlsverleugnenden Gutherzigkeit Meister Antons Lehrherr. Gebhard „hielt sich die Ohren zu" (54), um den Dank nicht anhören zu müssen, er schob dem Lehrling einen halben Schinken für die Mutter unter die Jacke, heimlich, damit seine Frau es nicht sah. Meister Anton fühlt sich ihm seelenverwandt. Er muß sich die Augen trocknen (54), als seine beschwörende Rede ihm den Toten allzu lebendig vor Augen ruft.

Diese Rede läßt er nun aufgipfeln in einer Kette von hypothetischen Fragen: „Wenn Er den Mann ..., Er träfe ihn verwirrt ..., Er könnte retten und helfen ..., Er müßte lumpige tausend Taler hergeben ..., Was würde Er tun?" (54f.) Leonhard antwortet verklausuliert: „Ledig und los, wie ich bin, ohne Weib und Kind, würde ich das Geld opfern." (55) Damit hat er vor dem Alten moralisch versagt. Der läßt keine Bedenken und Bedingungen gelten. „... Er könnte sich nur einen Augenblick bedenken, so wär' er – nun, Er wird mein Schwiegersohn" (ebd.). Die wegwerfende Redegebärde bedeutet, daß er den Schwiegersohn genauso wie seinen Sohn verwirft. Das „Jetzt weiß Er, wo das Geld geblieben ist" klingt wie ein hämischer Triumph. Meister Anton bestätigt sich damit in seinem väterlichen Überlegenheitsgefühl, das sich immer wieder in bitteren Sarkasmen zum Ausdruck bringt.

> Ja, wir Alten sind dem Tod vielen Dank schuldig, daß er uns noch so lange unter euch Jungen herumlaufen läßt und uns Gelegenheit gibt, uns zu bilden (49).
>
> Früher glaubte die dumme Welt, der Vater sei dazu da, den Sohn zu erziehen. Umgekehrt, der Sohn soll dem Vater die letzte Politur geben (ebd.).

Wie Hebbels Vater, dem jede Freude, das „brusterweiternde Lachen" fremd, dem Lust und Spiel verächtlich waren, verachtet auch Meister Anton die Lebensfreude schlechthin.

> Das hat die junge Welt vor uns Alten voraus, daß sie allenthalben ihre Erbauung findet, daß sie beim Vogelfangen, beim Spazierengehen, ja im Wirtshaus ihre Andacht halten kann (49).

Seine Andacht ist anderer Art:

> Wenn ich mein Herz erhoben fühlen soll, so muß ich erst die schweren eisernen Kirchentüren hinter mir zuschlagen hören und mir einbilden, es seien die Tore der Welt gewesen (50).

Meister Antons Moralität ruht auf einem düsteren Stimmungsgrund von Weltverleugnung, Lebensverachtung und Todessehnsucht. „In der Ferne muß ich das Beinhaus mit dem eingemauerten Totenkopf sehen können" (ebd.). Wer sich nicht mit ihm „hinter düstern hohen Mauern" (ebd.) einschließen will, den Gottesdienst versäumt wie sein Sohn, verfällt seiner Verachtung als ein leichtfertiger Wirtshausläufer und Kegelbruder, dem „Bier und Religion eins sind" (ebd.). Sein pessimistisches Grundbefinden und seine Menschenverachtung treiben ihn in Absonderung und Abschließung.

I.5 enthält zwei bildhafte Selbstcharakterisierungen Meister Antons:

> Ich trage einen Mühlstein wohl zuweilen als Halskrause, statt damit ins Wasser zu gehen (51).[93]
>
> Ich bin so wenig wie Er als ein borstiger Igel zur Welt gekommen, aber ich bin nach und nach einer geworden. Erst waren all die Stacheln bei mir nach innen gerichtet … Aber das Ding gefiel mir nicht, ich kehrte meine Haut um, nun fuhren ihnen die Borsten in die Finger, und ich hatte Frieden (53).

Er ist verletzend aus Angst vor Verletzung, er zelebriert sein Leiden an der Welt wie einen Gottesdienst (Bezeichnenderweise wird die gestärkte Halskrause an der Amtstracht des protestantischen Pfarrers im Volksmund „Mühlstein" genannt.).

Die nach außen gekehrten Stacheln wendet er aber bedenkenlos auch gegen seine Nächsten, mitunter scherzhaft bärbeißig, wie gegen seine Frau: „Tut's dir leid, daß du mit 20 Jahren besser vergoldet warst als mit 50?" (55), oft aber mit der ganzen Härte der Verachtung, wie gegen den eigenen Sohn. Der hat wieder einmal den Gottesdienst geschwänzt und damit seinem Vater die „Andacht" geraubt. Er vergleicht Karl mit einem abgestorbenen Birnbaum[94] in seinem Garten: „Der Junge ist wie dieser da, leer und kahl!" (50) Da läßt der Birnbaum, genau in diesen Gedanken hinein, eine saftige Frucht vor seine Füße fallen. Anton deutet dies nun keineswegs als ein günstiges Omen für seinen Sohn, was doch naheläge, er entschuldigt sich vielmehr bei dem Birnbaum, weil er ihn „durch den Vergleich mit dem Schlingel verschimpfiert" habe (51). Mit seinem ewig lauernden Mißtrauen verurteilt er schließlich den Sohn, noch vor jedem Richterspruch, und treibt die Tochter in den Tod. Seine Empfindsamkeit hat sich im Bild der umgewendeten Stacheln verkehrt in einen maßlosen Gefühlsegoismus: Er will seinen „Frieden". In jeder harmlosen Annäherungsgeste sieht er eine Herausforderung. Das Zuprosten des Gerichtsdieners Adam (70) ist für den Handwerksmeister eine Majestätsbeleidigung, der treuherzige Gruß eines kleinen Trickdiebes eine Erniedrigung (65). „Das freche Weltlicht" (50) soll aus der Kirche wie aus seiner Seele ausgeschlossen bleiben, alle Welt ist nur zudringlich, anzüglich, herausfordernd. Was Wunder, daß ein solcher verstockter Pessimist sich ständig in der Einschätzung der Menschen irrt. Der „Held im Kamisol"[95] ist ein umgekehrter Ödipus: Er will nur das Verhängnis sehen, nicht das Heil. So ist er blind gegen den wahren Charakter seines Sohnes, er sieht nicht, daß der den Wilden, Ungebärdigen nur spielt, um „alle im Haus in der Angst zu erhalten" (39). Er sieht nicht, wie nahe dieser Sohn ihm in Wirklichkeit steht, mit seinem verletzlichen Ehrempfinden, seinem hochfahrenden Handwerkerstolz.[96] Sein Haß gegen das „freche Weltlicht" hat sich übertragen auf alles Lichte, Leichte, Helle und Freudige. Der Sargtischler hat sich selbst eingesargt.[97] Immer wieder ist es die Metaphorik der Abgeschlossenheit und Eingeschlossenheit, in der er sich zu erkennen gibt. In der Kirche fühlt er sich wohl, weil ihn dort die „düstern hohen

Mauern mit den schmalen Fenstern" (50) umschließen, er kann's, wie sein Sohn erkannt hat, „nicht eng genug um sich haben" (89).

Die Abkapselung zwingt ihn zu ständiger Abwehr und Abweisung, die sich in harten Sarkasmen und einer schroffen Sentenzensprache artikuliert.

> Ich stecke in meinem Hause keine Kerzen an, als die mir selbst gehören. Dann weiß ich, daß niemand kommen kann, der sie wieder ausbläst (48).
>
> Ich hoble mir die Bretter wohl zurecht mit meinem Eisen, aber nie die Menschen mit meinen Gedanken (ebd.).
>
> Über Menschen denke ich gar nichts, nichts Schlimmes, nichts Gutes ... (ebd.).

Hinter seinem Igelpanzer aus Desillusioniertheit und Menschenverachtung wähnt er sich unangreifbar. Aber er ist schnell zu irritieren, ebenso schnell zu täuschen. Er war, wie wir sahen, durch Leonhards geheucheltes Entsagungsbekenntnis (52) gerührt. Er reicht ihm die Hand, er nennt ihn „brav". Er durchschaut nicht seine Doppelzüngigkeit, die sich dem Zuschauer im Beiseitesprechen enthüllt: „So brauch ich mir von dem alten Werwolf auch nichts gefallen zu lassen." (53) Der vermeintliche Menschenkenner erkennt im Grunde nur das, was er in den Menschen hineindenkt.

Am Schluß der Szene steigert sich Meister Anton in einen Rausch der moralischen Selbstergriffenheit.

Er will sich nicht nur vor der Welt unangreifbar wissen, sondern auch vor seinem Gewissen. Mit dem Riß in den Schuldschein hat er nicht nur eine Schuld erlassen, sondern auch seine Dankesschuld bezahlt. Das „Ehrlich bezahlt" ist doppelsinnig. „Nun wird er wohl ruhig schlafen, und ich hoffe, ich auch, wenn ich mich einst neben ihn hinstrecke" (55). In dem religiösen Pathos dieser Stelle kommt wieder die Sehnsucht nach Frieden zum Ausdruck, jetzt übersteigert ins Transzendentale als Sehnsucht nach Sündenvergebung und Erlösung.[98] Aber gerade jetzt, als er sich vor Gott und Menschen am unangreifbarsten wähnt, ereilt ihn das Schicksal.

II.1:

Nach der Katastrophe des Aktschlusses von I hebt sich der Vorhang über einem verwandelten Meister Anton. Seine selbstbewußte Schroffheit ist in einen selbstquälerischen Klageton umgeschlagen. Der moralisch Unangreifbare sieht sich der moralischen Verachtung ausgeliefert. Jeden Gang durch die Stadt erleidet er wie einen „Spießrutenlauf" (61). „Ich könnte mich zuweilen nach meinem Schatten umsehen, ob er nicht schwärzer geworden ist" (65). Er, der sich aller Schulden ledig wähnte, fühlt sich vor der Welt als Betrüger. „Wie ein nichtswürdiger Bankerottierer stehe ich vor dem Angesicht der Welt" (64). Gleichgeblieben aber ist er sich in zwei gegensätzlichen, einander verhängnisvoll ergänzenden Neigungen: seinem Mißtrauen und seiner Vertrauensseligkeit. Immer sprungbereit auf der Lauer vor drohendem Unheil, ergeht er sich in grotesken Verdächtigungen: „War Gift in der Suppe, wie ich gestern träumte?" (62) Seine Weltverachtung hat sich zur Weltangst gesteigert: „Mich schaudert's vor der Zukunft wie vor einem Glas Wasser, das man durchs Mikroskop betrachtet hat" (64). Der ehrbare Handwerksmann sieht sich unter die Räuber gefallen: „Man hockte in der Welt und glaubte in einer guten Herberge hinter dem Ofen zu sitzen, ... und siehe da, man ist in einem Räuberloch" (62 f.). Schon klingt das Motiv des Selbstmords an: „Das ist ein kluger Kopf, der sich selbst köpft, wenn's Zeit ist" (62). Die Schuld seines Sohnes ist für ihn so unumstößlich, daß er sich regelrecht darein hineinredet: „Der Junge wird so wenig rein aus diesem Prozeß hervorgehen wie deine Mutter lebendig aus ihrer Gruft" (67). Diese Schande bedrückt ihn so sehr, daß er die Erde anrufen möchte: „Verschlucke mich, wenn dich nicht ekelt, denn ich bin kotiger als du!" (63) Vor lauter eingebildetem Unheil zeigt er sich aber in geradezu verstockter Weise wieder blind gegenüber dem wirklichen Verhängnis, das seine Tochter betroffen hat. Auf seine Fragen, ob sie schwanger sei, antwortet Klara so ausweichend, daß dies schon den Argwohn des sonst so Mißtrauischen hätte hervorrufen müssen.

> Meister Anton: Schwöre mir, daß du bist, was du sein sollst!
> Klara: Ich–schwöre–dir,–daß–ich–dir–nie–Schande–machen–will (61).

Er gibt sich mit dieser Ausflucht zufrieden, wie er sich mit dem geheuchelten Bekenntnis Leonhards zufrieden gegeben hatte. Klara gibt ihm ihre Not nicht in Worten, aber in unübersehbaren Signalen zum Ausdruck. Sie ißt nicht. Er darauf: „Wer keinen Appetit hat, der hat kein gut Gewissen" (62). Sie ist blaß. Er: „Rot soll man aussehen, wenn man jung ist" (ebd.). Er beschwichtigt seine Tochter, weil er sich selbst beschwichtigen will, und treibt sie dadurch immer tiefer in ihre innere Not.

> Klara: Gott, was soll ich tun!
> Meister Anton: Nichts, nichts, liebes Kind ... bleib nur, was du bist, dann ist's gut! (65)
> Nun, alles wird sich finden. (62)

Er will diese Not nicht sehen, weil er nur die eigene sieht. Er wagt nicht mehr, der Wirklichkeit ins Auge zu sehen. Seine Vertrauensseligkeit wurzelt in dieser Wirklichkeitsflucht. Er bettelt um den Erlaß der Schande wie um eine Begnadigung: „... alles, alles kann ich ertragen, nur nicht die Schande ... Schneidet nicht den Nerv durch, der mich zusammenhält!" (66) Um den Rest seiner Familienehre, die Unbescholtenheit seiner Tochter, vor den Leuten zu retten, begeht er jetzt eine brutale Gefühlserpressung:

> In dem Augenblick, wo ich bemerke, daß man auch auf dich mit Fingern zeigt, werd ich (mit einer Bewegung an den Hals) mich rasieren, und dann, das schwör ich dir zu, rasier ich den ganzen Kerl weg ... (65)

Er müßte wissen: Wenn Klara schwanger ist, wird er sie mit dieser Drohung in den Tod treiben, wenn sie es nicht ist, wäre die Drohung überflüssig; sie hat ihm schließlich einen Schwur geleistet.

Die Regieanweisung zur Selbstmorddrohung Meister Antons heißt: „mit schrecklicher Kälte". In grausamer Gefühlskälte nimmt er den Tod der Tochter in Kauf, ja er kalkuliert ihn in seine geheimen Absichten ein. Als sie schließlich den Selbstmord an sich vollzogen hat, den er an sich selbst zu vollziehen gedroht hatte, beklagt er nur, daß sie sich dabei ungeschickt angestellt habe. „Sie hat mir nichts erspart – man hat's gesehen." (94) Es geht ihm immer noch um nichts als seine Reputation. Seine gewaltigen Gefühlsaufschwünge im ersten Akt, seine ganze erregte Innerlichkeit, sind einer eisigen Gefühlskälte gewichen.

Erneut stellt sich die Frage nach der inneren Einheit dieser Person. Sind solche Diskrepanzen noch verstehbar? Ist der „prächtige Kerl“, den Hebbel nach Abschluß der Arbeit am 1. Akt noch zu seinen „höchsten Gestalten“ rechnete[99], am Schluß des Dramas zu einem moralischen Ungeheuer pervertiert?

Ein solcher Schuldspruch widerspräche der dichterischen Absicht Hebbels. Er wollte zeigen: „Alle sind im Recht.“[100] Das Handeln und Denken Meister Antons sieht er begründet in seiner „Gebundenheit in der Einseitigkeit“.[101] In ungeheurem Trotz will Meister Anton seine Welt seiner Idee unterwerfen, der Idee der Familienehre und Rechtschaffenheit. Es ist ein heroischer Trotz, der nicht wahrhaben will, was sich längst vollzogen hat. Dieses Nicht-wahrhaben-Wollen hat die Vernichtung der Tochter zur Konsequenz, da an ihr die Wahrheit offenbar zu werden droht.

Das deutsche bürgerliche Trauerspiel gewann in der Gestalt des Meister Anton eine neue tragische Tiefendimension. Odoardo Galotti tötete in freiem sittlichem Entschluß mit ihrem freien sittlichen Einverständnis seine Tochter. Die Motive dieser Tat liegen im Sozialen, in einem Ständekonflikt. Die soziale Welt des Meister Anton ist zwar als moralische Gebundenheit und Enge der zunfthandwerklichen Ehrbarkeitsregeln im ganzen Drama bedrückend gegenwärtig, sie wird aber nicht zu einem Äußeren in Widerspruch gesetzt, nicht zu einer sozialen Gegenmacht, etwa der aufkommenden Maschinenindustrie. Das tragische Scheitern ihrer Figuren ist Folge ihrer „furchtbaren Isolierung“.[102] Regine Fourie spricht von einem „psychologisch individuellen Abgrund“.[103] Ihm kann die Person nicht entrinnen, weil sie sich selbst nicht entrinnen kann. Der Untergang ist, nach Hebbel, „wie der Tod mit der Geburt selbst gesetzt“ (T. 2776). Für Hebbel entspringt „die dramatische Schuld nicht, wie die christliche Erbsünde, erst aus der Richtung des menschlichen Willens, sondern unmittelbar aus dem Willen selbst“.[104] Die soziale Problematik des klassischen bürgerlichen Trauerspiels hat sich damit in eine existentielle gewendet. „Das böse Gewissen des Menschen hat die Tragödie erfunden“ (T. 5611).

2.3.2
Die Mutter

Nur einmal wird sie mit ihrem Namen angeredet, als Tote: „Gute Nacht, Therese!" (59) Sonst ist sie namenlos, die „gute Hausmutter" (56). Auf sie paßt, wie auf Klara, Hebbels frühe Tagebuchnotiz: „Durch Dulden Tun: Idee des Weibes" (T. 1516/1839). Ilse Krisciokaitis hat auf diese beiden Grundzüge des Leidens und der Namenlosigkeit hingewiesen: „Klara's mother serves to supplement the image of the suffering female which is completed by Klara."[105] – „She cannot be understood and regarded as an individual, she is but a type".[106] Aber als Typus ist sie in fast allen ihren Zügen die Kontrastfigur zu ihrem Ehemann. Seine Starrheit wiegt sie auf mit Nachsicht und liebevoller erzieherischer Inkonsequenz, sein argwöhnisches Wesen durch ihr Vertrauen, seine Schroffheit durch Liebenswürdigkeit, seine Abneigung gegen Licht und Farben durch ihre Liebe zur bunten Außenseite des Lebens, zu schönen Kleidern und Blumen.

Ihre Ergebenheit gegen den Mann hindert sie nicht, ihm zu widersprechen. „Gegen deinen Sohn bist du nur ein halber Vater." (59) „Ich weiß auch nicht, was du gegen das unschuldige Spiel hast." (58) Das Verhältnis zum Sohn ist der Streitpunkt dieser Ehe, ein Eifersuchtspunkt. „Meister Anton: Ich wette, daß das Essen draußen verkocht und verbrät, weil Klara heimlich Ordre hat, den Tisch nicht zu decken, bevor er [der Sohn] da ist." (57) Wieder spielt eine Kindheitserinnerung Hebbels hinein: „... sie [die Mutter des Dichters] war es, die mich fort und fort gegen die Anfeindungen meines Vaters ... mit Eifer in Schutz nahm." (T. 1295)

Therese liebt ihren Sohn, aber mit einem schlechten Gewissen gegen den Vater. Sie macht sich Vorwürfe, den „allerliebsten kleinen Lockenkopf" in der Kindheit verzärtelt zu haben: „Ja, ja, der Vater hat recht, das sind die Folgen! ... Ob er den Gulden wirklich nicht fordern würde, wenn ich ihm das Stück Zucker abgeschlagen hätte? Das peinigt mich oft!" (39 f.) Jetzt, zu spät, will sie die Verwöhnung wettmachen, indem sie seinen Pumpversuch zurückweist: „Du bist unverschämt." (39) Der Konflikt ist tief im Prinzipiellen angelegt. Er wurzelt in Hebbels Idee vom Wesen des Weiblichen. „Das Weib ist in den engsten Kreis gebannt.

Wenn die Blumenzwiebel ihr Glas zersprengt, geht sie aus." (T. 366/1836) Die Mutter sieht ihre dienende Rolle in der Enge des Hauses als gottgewollt. „Ich bin auf Gottes Wegen gegangen, ich habe im Hause geschafft, was ich konnte ... und den sauren Schweiß eures Vaters zusammengehalten." (38) Die Auflehnung gegen den Mann wäre Gotteslästerung. Ihre Mutterliebe aber zwingt sie mit naturhafter Gewalt in diese Auflehnung hinein, der sie, die Geduldige und Duldende, nicht gewachsen ist. Sie leidet schwer an dem Zwiespalt.

Hebbels Metaphorik verknüpft „die Frau im wesentlichen mit der Natur, den Mann mit dem Geist".[107] Therese kann ihrem Mann rational nichts entgegensetzen, wenn er den Sohn moralisch verwirft; in seiner wütenden Trotzhaltung stellt Karl sich ja selbst als Verworfenen dar.

Er macht leichtsinnig Schulden, bringt sein Geld im Wirtshaus und auf der Kegelbahn durch, versetzt seinen alten Vater beim Kirchgang, macht sich verdächtig, indem er Andeutungen macht über zweifelhafte Kreditquellen und die Auskunft über seinen Aufenthalt verweigert – alles aus Mutwillen, wie er im Beiseitesprechen bekennt, aber das soll nur der Zuschauer wissen. „Ach, er macht mir Herzeleid!" (39), klagt seine Mutter, gleich darauf aber schwärmt sie: „Oh, er ist gut und hat mich lieb!" (41). Dies ist mehr als eine Anwandlung mütterlicher Gerührtheit. Die Mutter behält recht in ihrer Irrationalität: Der Sohn ist gut. Die ahnungsvolle Hellsicht der Frau zeigt sich der blinden Ideenwelt des Mannes überlegen. Hebbel sieht hier einen polaren Gegensatz: „Die Frau lebt in der Vergangenheit, der Mann in der Zukunft." (T. 3441) Da die Mutter die Kindheitsvergangenheit ihres Sohnes lebendig vor Augen hat, sieht sie in seiner Ungebärdigkeit nur die trotzige Verstellung seines wahren Wesens.

Es ist bezeichnend, daß vier Frauen unter den Hebbel-Interpreten[108] auf die emanzipatorische Modernität in Hebbels Frauengestalten besonders hingewiesen haben:

> The woman assumes the role of the pathfinder who through her patient suffering may force man to refine his Idea of Morality.[109]
>
> Hebbels Frauengestalten sind die Opfer der männlichen Welt ..., aber sie sind auch das aufleuchtende Andere, das zeigt, daß ein Leben ohne Glück kein Leben sein kann.[110]

Ich stehe nicht an zu sagen, daß Hebbel mit seiner Tragik zwischen den Geschlechtern ein ganz neues tragisches Motiv, eine ganz neue tragische Möglichkeit in die Welt gebracht hat.[111]

I see a direction to the new thought of woman ... A comparison to the work of Ibsen would show much harmony in view between the two dramatists.[112]

Ganz im traditionellen Bereich des Weiblichen ist die Mutter in all ihrer frommen Innerlichkeit. Der Tod, dem sie gerade entronnen ist, zündete ihr im Herzen „ein Licht an, da wird's hell, und man sieht viel, sehr viel, was man nicht sehen mag" (38). Das hat etwas Divinatorisches. Therese antizipiert in zahlreichen Worten und Gesten ihr Schicksal. Dreimal verkündet sie unbewußt ihren nahen Tod (S. a. 4.2 dieser Arbeit, „Vorausdeutungen"). Schon ihr erster Auftritt ist voll hellsichtiger Voraussicht: Sie trägt ihr einstiges Brautkleid, das, wie sie selbst gesagt hatte, ihr nur noch als Leichenkleid dienen sollte. Sie ist sich aber merkwürdigerweise des fatalen Charakters dieser Geste gar nicht bewußt. In ihrem Sterbekleid lobpreist sie das Leben, denn, anders als ihr Mann, der in seiner Sprache den Tod euphemistisch verklärt – „Sterbebett", „ruhig schlafen", „sich hinstrecken" (55) –, hat sie eine genaue, bedrängend reale Vorstellung von ihm: „Der Tod ist schrecklicher, als man glaubt, oh, er ist bitter!" (37) Das weiße Kleid aber nimmt sie als Mahnung an die Fleckenlosigkeit, mit der sie zur „himmlischen Hochzeit"[113] zu erscheinen strebt (38).

Die zweite Todesverkündigung vollzieht sie, als sie sich zum Kirchgang von ihrer Tochter verabschiedet. Sie spricht dabei einen Segenswunsch aus, den ihre eigene Mutter ihr gespendet hatte, „als sie aus der Welt ging" (41).

Die dritte und unheimlichste antizipierende Geste vollzieht sie auf dem Friedhof bei ihrem Kirchgang. In der teichoskopischen Darstellung aus der Sicht Klaras kommt das beklemmend Ominöse des Vorgangs erschreckend zum Ausdruck:

Klara: Wer wohl der erste ist, der ihr begegnet? ... (Erschrocken zusammenfahrend) Der Totengräber! Er hat eben ein Grab gemacht ... nun wirft sie den Blumenstrauß hinunter. (41 f.)

Die Worte, die sie dazu spricht, klingen wie eine numinose Eingebung: „Nun ist's besetzt." (57) Dabei ist in ihr noch kein bewußter Gedanke an den Tod, sie freut sich vielmehr ihrer gerade wiederhergestellten Gesundheit, und doch vollzieht sie geradezu traumwandlerisch drei Handlungen, die ihren nahen Tod vorbereiten[114].

Der Grübler und Denker Hebbel hatte eine merkwürdige Geringschätzung für das begriffliche Denken.

> Das Bewußtsein hat an allem wahrhaft Großen und Schönen, welches vom Menschen ausgeht, wenig oder gar keinen Anteil; er gebiert es nur wie eine Mutter ihr Kind, das von geheimnisvollen Händen in ihrem Schoße ausgebildet wird. (T. 1496) Das Bewußtsein ist nicht produktiv, es schafft nicht, es beleuchtet nur, wie der Mond (ebd.).

Das Prinzip des Weiblichen hat für ihn eine enge Beziehung zum Unbewußten. Mit Bezug auf *Judith* bezeichnet er als weiblich „ein Tun, was noch kein Handeln ist." (T. 1802) Passivität, Duldung und der unbewußte Vollzug eines Wollens, das nicht von ihnen aus, sondern gleichsam durch sie hindurch geht, kennzeichnet seine Frauengestalten.

Die Mutter Karls muß Unsägliches erdulden. Sie muß anhören, wie ihr Mann nicht bloß unbedacht, sondern, wie es ihr scheinen muß, mit geheimer Bosheit den Verdacht des Diebstahls auf seinen eigenen Sohn lenkt.

> Meister Anton: Ein Juwelendiebstahl? Bei wem?
> Leonhard: Beim Kaufmann Wolfram!
> Meister Anton: Bei – Unmöglich! Da hat mein Karl vor ein paar Tagen einen Sekretär poliert! …
> Mutter (zu Meister Anton): Vergebe dir Gott dies Wort! (57)

Als sich dieser Verdacht scheinbar bestätigt, stirbt sie. Ihr Tod bezeichnet das Ende einer inneren Auflehnung. Die Mutter hat dem Schuldspruch des Vaters gegen den Sohn jetzt nichts mehr entgegenzusetzen. Der Mann hat recht behalten in seinem Mißtrauen, aber die Frau ist im Recht in ihrer instinktiven liebenden Gewißheit. Die ganz im Gefühl der Liebe wurzelnde Irrationalität der Frau unterliegt dem gefühllosen, starren, geradlinigen Moralismus des Mannes.

Das Motiv des Geschlechterkampfes, hier zwar nicht so voll entfaltet wie in *Judith* oder *Herodes und Mariamne*, vielmehr gemildert durch die demütige Ergebenheit der christlichen Ehefrau, steht auch hinter diesem Konflikt. In dieser Sicht ist das erste Opfer Meister Antons seine Frau. Am Schluß des Dramas setzt er die tote Tochter mit ihr gleich: „In die Hinterstube, wo die Mutter stand!“ (94)

2.3.3 Klara

Ihr Wesen ist Selbstverleugnung. Wir sehen sie meistens in dienender Rolle. Sie „muß in die Küche“ (47; 89), sie „will abräumen“ (62), sie „bringt den Wein“ (87). Sich in der Arbeit aufzuopfern ist geradezu ihr Lebensgesetz. Sie hat die kranke Mutter gepflegt, sie versorgt den verwitweten Vater, sie muß dem Bruder mit Geld aushelfen. („Oder ist deine Sparbüchse leer?“ [87]) Man fragt nach ihr wie nach einer Wirtshausbedienung: „Wo die Klara bleibt? Ich bin ebenso hungrig als durstig“ (87). Dienstbarkeit bis zum Tode gelobt sie dem Leonhard als Entgelt, wenn er sie heiratet (80). In ihrer Hingabe an den ungeliebten Mann, die dieser wie „eine Schuld“ von ihr eingefordert hatte, fand ihre Haltung selbstverleugnender Willfährigkeit eine schwer verständliche Übersteigerung.

Auf ihre Demut und Büßergesinnung will der von Campe initiierte Titel *Maria Magdalena* hinweisen. Sie beruht auf einer minimalen Schuld, wächst aber an zu einem immer beklemmenderen Schuldbewußtsein. Im Fortgang des Dramas begrenzt sich Klara immer mehr auf sich selbst, entzieht sich den Menschen, wird auf eine geradezu geistesabwesende Art befangen, starr und unerreichbar. In den Szenenanweisungen heißt es in auffälliger Wiederholung: „abwesend“ (72), „wie geistesabwesend“ (82), „dumpf“ (76), „dumpf, als ob sie allein wäre“ (74), „ohne allen Anteil“ (72). Sie „kann nicht zurück und auch nicht vorwärts“ (73). Diese Dumpfheit und Isolierung schlägt am Schluß des Dramas um in unruhige Motorik und Getriebenheit, fahrige Gedankenflucht und hysterische Ausbrüche: „sie setzt sich auf einen Stuhl – sie steht auf“ (90), „sie faßt sich an die Stirn“ (89), „Wo? Was?“ (87), „sie lacht wahnsinnig“ (75). Ihre Not spiegelt sich in ihren angstvollen Gottesanrufungen, die immer wieder ihre Rede durchbrechen: „Ach Gott“ (44), „O mein Gott“ (47, 60), „Allmächtiger Gott“ (62), „Barmherziger Gott, was soll ich tun!“ (65), „O Gott! Erbarme dich!“ (67), „o Gott, was will ich denn noch?“ (74), „so schaue Gott mich nicht so schrecklich an“ (80), „o Gott, ich komme“ (91). Hingabe und Opfergesinnung spiegeln sich in ihrer Religiosität. „KLARA (mit einem Blick gen Himmel): Ich wollt', ich hätt' einen Glauben wie die Katholischen, daß ich dir etwas schenken dürfte!" (42) Aber auch im Schenken verleugnet sie sich selbst. „Klara (reicht der Mutter einen Blumenstrauß). MUTTER: Der kommt gewiß von Karl. KLARA (nickt; dann beiseite): Ich wollt', es wäre so." (41)

Ludger Lütkehaus weist auf einen Widerspruch in der Person Klaras hin. Ihre Demutshaltung wird bisweilen durch „kritische, ungeduldige Züge konterkariert".[115] In der Tat, mitunter bricht in Klara eine wilde, ungebändigte Judith-Natur hervor. In ihrer letzten Auseinandersetzung mit Leonhard tritt sie, wie es in der Szenenanweisung heißt, „wild einen Schritt auf ihn zu" (83), sie „richtet sich hoch auf" (ebd.). Im Dialog mit dem Sekretär (II.5) kommt ihr verleugnetes Liebes- und Glücksbegehren geradezu eruptiv zum Ausbruch: „Dich! Dich lieb ich! Da! Ich ruf's dir zu, als ob ich schon jenseits des Grabes wandelte" (74). Die Schönheit des Frühlingstages empfindet sie als eine höhnische Herausforderung: „Oh, dieser festgenagelte Sonnenschein und all die Heiterkeit um mich her!" (73) „Alles ist heute lustig und munter!" (72) Dieser expressive Ton der Klage, in dem ein schmerzhaftes Bewußtsein ihrer Ausgeliefertheit zum Ausdruck kommt, überrascht den Zuhörer, der sie bis dahin nur in starrer Wortkargheit und magdhafter Unterwürfigkeit erlebt hat. Diese ohnmächtigen Ausbrüche gegen das Schicksal, dem sie sich sonst doch so ergeben unterwirft, erinnern an die Todesklage der Antigone vor ihrem Opfergang (Soph. Ant. 890–927). Aus ihrer Auflehnung sinkt sie aber gleich wieder zurück in dumpfe Schicksalsergebenheit: „Ja, Vater, ich gehe, ich gehe!" (77)

Lütkehaus bezeichnet dieses Zurückfallen in die Unterwerfung als ein totales Aufgehen in der Rollenidentität als Tochter nach den Gesetzen des Patriarchats.[116] Genügt diese Erklärung?

Gewiß, Klara spielt die Rolle der gehorsamen Tochter mit selbstvernichtender Konsequenz. „Ich bin die Tochter meines Vaters" (79). Sie geht erst aus der Welt, nachdem für sie „das Letzte getan ist" – „des Vaters Abendtrunk steht am Feuer" (90). Sie kann nicht sterben, ohne ihre Dienerinnenpflicht voll erfüllt zu haben. „Der Vater sagt ...", heißt ihre letzte Mahnung an den Bruder (88). Sie zittert vor der Frage des Weltenrichters: „Warum hast du deinen Vater so weit getrieben?" (81) Selbstmörderin und dadurch auch Kindesmörderin zu sein ist ihr „beides lieber als Vatermörderin" (83). Daß ihre Tat den Ruf des Vaters beeinträchtigen könnte, war ihre letzte Sorge: „Das war das letzte, was mich noch drückte." (91) Diese Tat vollzieht sie dann mit klarem Bewußsein als stellvertretendes Opfer: „O Gott, ich komme nur, weil sonst mein Vater käme" (91). Eine derart fanatische Opfergesinnung ist mit der flachen Begrifflichkeit der Rollensoziologie nicht zu motivieren. Die metaphysische Selbstinterpretation Hebbels greift da schon tiefer.

> Obgleich .. das Individuum nur als solches existiert, hat es dennoch keine heiligere Pflicht, als zu versuchen, sich von sich selbst loszureißen, denn nur dadurch gelangt es zum Selbstbewußtsein, ja zum Selbstgefühl (T. 1510/1839).

Klaras durch alle „Dumpfheit" immer wieder blitzartig hindurchbrechende helle Bewußtheit spricht dafür, daß sie nicht einfach patriarchalisch-gesellschaftlichen Zwängen folgt, sondern einer Idee. Ihr Erschauern vor Gottes „furchtbar heiliger Nähe" (74) klingt an eine andere, noch frühere Tagebuchnotiz Hebbels an: „Das Schicksal ist die Silhouette Gottes, des Unbegreiflichen und Unerfaßbaren" (T. 1034/1838). Klara, die unbedeutende Handwerkertochter im „eingeschränktesten Kreis" hat Schicksal, ist eine tragische Figur.[117] Das Schicksal aber ist nach Hebbel „die Idee der Welt" (T. 1670/1839), gleichzeitig das Handeln Gottes. („Gott war sich vor der Schöpfung selbst ein Geheimnis, er mußte schaffen, um sich selbst kennenzulernen" – T. 1674.) Klara führt eben nicht eine nur angepaßte Existenz[118], sie überschreitet vielmehr die Kontingenz ihrer kleinbürgerlichen Lebensform, indem sie ihr Selbstopfer in ganz bewußter Entscheidung, geradezu kühl kalkulierend vollzieht:

> Was ich jetzt tue, das kommt über mich allein! Geb ich meinem Vater das Messer in die Hand, so trifft's ihn wie mich! Mich trifft's immer! Dies gibt mir Mut und Kraft in all meiner Angst! (84)

Diese Doppelnatur Klaras – demütiges, selbstverleugnendes Magdtum und schicksaloffenes Selbstbewußtsein – offenbart sich auch in einem doppelten Sprachverhalten. Die dumpfe Unterwürfigkeit der dienenden Haustochter artikuliert sich in äußerster Wortkargheit und signalhafter Knappheit der Sprache. „Es läutet" (41) – „Da!" (ebd.) – „Ja, Vater, so ist's" (63). Fließend, breit und wortmächtig aber wird ihre Rede in ihren Selbstbekenntnissen, Monologen und Gebeten. Eine kurze Gegenüberstellung dreier Szenen mag das verdeutlichen.

II.1:
Dies ist eigentlich nur ein langer Monolog Meister Antons. Klaras kurze Einwürfe sind meistens nur Interjektionen („o Karl!" – „Allmächtiger Gott!") oder Beschwichtigungen. („Werd Er doch wieder ruhig!" – „Er sollte sich eine halbe Stunde niederlegen.") Von ihren 12 Redebeiträgen sind 7 einzeilig, 2 davon bestehen aus nicht mehr als zwei Worten, die meisten nur aus einem Satz. Dagegen füllen die endlosen verbitterten Anklagereden des Vaters jeweils fast die ganze Reclam-Seite aus. Die Tochter hat sich gegenüber dem Vater zum Verstummen gebracht. Ihre spärlichen, einsilbigen Sprachgesten verhallen ungehört vor dem, der ihr zuzuhören nicht gewohnt ist. Dabei spricht aus ihren stoßseufzerhaften Klagen mehr Verzweiflung als aus den larmoyanten Ergüssen des selbstmitleidigen Alten.

Da Klara auch im Gespräch mit der Mutter kaum über die Rolle der Stichwortgeberin hinauskommt (s. I.1–3), erweckt sie über lange Partien des Dramas fast den Eindruck einer Sprachohnmächtigen. Wortmächtig wird sie erst, wo sie Resonanz findet.

II.5:
In der Begegnung mit dem Sekretär öffnen sich die Schleusen ihres Gefühls. Es artikuliert sich in immer erregterer, zuletzt in ihrer stammelnden Abgerissenheit fast expressionistisch wirkender Rede: „Ich könnte gleich zu weinen anfangen" (73) – „Mach mich nicht rasend" (74) – „Oh, mein Herz, mein verfluchtes Herz!" (ebd.) – „Dich! Dich lieb ich! Da! Da! Ich ruf's dir zu!" (ebd.) Aber nicht nur der unmittelbare Gefühlsausdruck gelingt ihr, sondern auch die bewußte, selbstreflektierende Darstellung ihrer Situation: „O frag noch, was alles zusammenkommt, um ein armes Mädchen verrückt zu machen. Spott und Hohn von allen Seiten ..." (75) Am Schluß des Dialogs aber fällt sie wieder zurück in dumpfe Einsilbigkeit: „Ja!" – „Geh nun, geh!" – „Ich bitte dich!" (75) Mit der Sprachlosigkeit verfällt sie wieder der Hoffnungslosigkeit.

II.2:

Dies ist einer von Klaras Gebetsmonologen (wie 42, anklangsweise auch 80f.). Ihre Sprache steigert sich hier ins Hymnisch-Dichterische.

> Sieh, der Sonnenschein liegt so goldig auf der Straße, daß die Kinder mit Händen nach ihm greifen, die Vögel fliegen hin und her, Blumen und Kräuter werden nicht müde, in die Höhe zu wachsen. Alles lebt, alles will leben ... (67).

Diese hell glänzende Vision des ungebrochenen Lebens dient aber nur als Kontrastbild ihres Todeswunsches: „o Tod ..., ich rufe dich!" (ebd.) Ihre Gebetssprache hat etwas Drängendes, Forderndes: „O Gott, o Gott! Erbarme dich! Erbarme dich über den alten Mann! Nimm mich zu dir! ... nimm mich für ihn!" (ebd.) Die emphatischen Wiederholungen klingen geradezu wie eine Nötigung. An anderer Stelle wird der Gebetston noch herrischer, unwilliger, ja zurechtweisend: „Gott im Himmel, ich würde mich erbarmen, wenn ich du wäre und du ich." (74) Selbst ihr letztes Vaterunser, das sie in halber Besinnungslosigkeit „wie ein Kind" daherleiert, erhält noch eine eigenwillige Selbstrechtfertigung: „... wie wir vergeben unsern Schuldigern! Da ist's! Ja! Ja! ich vergeb ihm gewiß, ich denke ja nicht mehr an ihn!" (90) Es klingt, als spräche sie nicht in Demut, sondern in Unmut mit ihrem Gott. Die Rollen des irdischen Vaters und Gottvaters hat sie geradezu vertauscht. Vor jenem verstummt sie in „Gottesfurcht", vor diesem wird sie beredt. Die Gnade, die sie von ihrem leiblichen Vater nicht erhoffen darf, erbittet sie vom Vater im Himmel: „Du bist gnädig, du bist barmherzig." (42) – „So wird die ewige Gnade sich vielleicht auch mein erbarmen." (83) – „Sei mir gnädig, gnädig!" (91)

Der sprachanalytische Exkurs sollte die Doppelnatur Klaras verdeutlichen. Als Tochter und gehorsame Magd im Hause ihres Vaters verstummt sie, sie gewinnt ihre Sprache gegenüber dem Absoluten. In ihrer metaphysischen Vereinsamung wächst sie herauf zu einem hohen tragischen Selbstbewußtsein.

2.3.4
Karl

Der Vater-Sohn-Konflikt des Dramas spiegelt die Dialektik von Enge und Freiheit.[119]

In seiner philosophischen Gedankenlyrik hat Hebbel diese beiden Motive immer wieder grübelnd umkreist. Die enge Beziehung von Lyrik und Drama zeigt sich in der Aufnahme des Gedichts *Der junge Schiffer* in die *Maria Magdalena* mit geringen Modifikationen. Der in der engen zunfthandwerklichen Entsagungsmoral erstickende Meistersohn singt ein Lied zu seiner Selbstbefreiung: „Dort bläht ein Schiff die Segel, frisch saust hinein der Wind ..." Es wird ausgelöst durch das Gefühl der Beengtheit im Vaterhaus nach seiner Entlassung aus dem Gefängnis. Diese Heimkehr bedeutet für ihn keine Befreiung, eher einen Eintritt von einem Gefängnis in ein anderes. Die Verstoßung aus dem Vaterhaus malt er sich aus als einen „Stoß ins Freie" (88).

Der väterliche Haushalt ist durch Zucht- und Ordnungsgebote bis ins letzte reglementiert. „Wir haben hier im Hause zweimal zehn Gebote. Der Hut gehört auf den dritten Nagel, nicht auf den vierten ..." (86). Karls jugendlicher Drang nach Regellosigkeit bäumt sich dagegen auf. Er beißt um sich „wie der Hund an der Kette" (86). Seine ungebärdige Rebellion gegen die kleinliche Regelhaftigkeit, die engherzige Moralisiererei und Nörgelei der Alten zeigt alle Formen eines ganz normalen pubertären Generationenkonflikts: die Rüpelhaftigkeit sogar gegen die Mutter (39), die überheblichen Frotzeleien gegen die Schwester (38 f.) und einen grimmigen Vaterhaß. „Wir passen ein für allemal nicht zusammen." (89) Aber auch dieser Konflikt ist, wie jeder bei Hebbel, ins gedanklich Prinzipielle überhöht.

In einem Gedicht aus dem Jahr 1841, der Inkubationszeit der *Maria Magdalena,* steht „die menschliche Gesellschaft" unter Anklage: „... mit allen deinen Satzungen und Rechten, die das Lebendig-Freie schamlos knechten." Dies ist kein Bekenntnis zur politischen Revolution. Die Sozietät knechtet nicht aus Willkür, sondern aus metaphysischer Notwendigkeit. („Du [d. menschl. Ges.] hast das Amt zu rauben und zu töten." a.a.O., Hervorhebung des Verf.) Auch nimmt Hebbel seine Empörung mehrmals regelrecht zurück, wenn er die Beschränkung als das eigentlich

Menschengemäße darstellt:

An den Äther
... Mein Schweifend Auge, das dich gern umspannte,
schließt sich vor dir in Ehrfurcht, eh es scheitert.
Denn nichts ermißt der Blick als seine Schranken.
(1842, Hervorhebung des Verf.)

Du kannst die Grenzen nicht erweitern,
die dich zum Ich zusammendrängen.
(1836, an Emil Rousseau)

Der Dualismus von Freiheit und Beschränkung ist für ihn auch ein Ausdruck der Dialektik des Männlichen und Weiblichen: „Des Weibes Natur ist Beschränkung, Grenze, darum muß sie ins Unbegrenzte streben, des Mannes Natur ist das Unbegrenzte, darum muß er sich zu begrenzen suchen." (T. 2309/1841) Die Unauflöslichkeit dieser Dialektik drückt sich in dem Epigramm *Die Regel* aus (1851):

Regel, wie gleichst du der Kette, die Benjamin Franklin erfunden!
Freilich beschützt sie das Haus, doch sie verschluckt auch den Blitz.

Karl verkörpert den einen Pol dieses gesellschaftlich-moralischen Spannungsfeldes, und zwar mit seiner ganzen Natur, mit Geist und Charakter; er kann sich nicht entrinnen. Damit grenzt er sich aus dem ihm zugewiesenen Lebenskreis aus.

Seiner Familie steht er distanziert und beziehungslos gegenüber; er spricht von ihr in der 3. Person Plural:

Wüßt' ich das Rattenloch unter der Türschwelle nicht, wo sie den Schlüssel zu verbergen pflegen, wenn sie alle davongehen ..." (86, Hervorh. des Verf.) Hier im Hause glauben sie von mir ja doch immer das Schlimmste; wie sollt' es mich nicht freuen, sie in der Angst zu erhalten. (39)

oder im unpersönlichen „man": „Um halb zehn Uhr muß man müde sein! Vor Martini darf man nicht frieren ..." (86). Wo er das „wir" gebraucht, klingt es ironisch (86, Z. 19). In seiner rücksichtslosen Ichbezogenheit merkt er nicht, wie sehr er seine Nächsten schreckt und ängstigt. Seine Andeutungen über zweifelhafte Geldquellen (39, Z. 23–25) sind für ihn ein hämisch rachsüchtiges Spiel, nicht ernst gemeint, wie er im Beiseitesprechen enthüllt, aber sie sind ein erster und vielleicht der entscheidende Anstoß zu dem späteren Todesschreck der Mutter.

Sein Verhalten zur Schwester ist fühllos, blind und brutal. Er ist der letzte, mit dem sie vor ihrem Selbstmord spricht. Sie „kommt" ihm „sonderbar vor" (89). Von ihrem inneren Zustand, ihrer Todesnot, nimmt er nicht die geringste Notiz, sondern er empfängt sie mit einer Anzüglichkeit: „Du solltest auch nur nicht so viel küssen!" (87) Des besonderen Zynismus seiner Bemerkung ist er sich natürlich nicht bewußt, aber was macht er sich überhaupt bewußt außer seinem Aufbegehren? Sein schlecht verhohlener Geschwisterneid kam schon in seinem ersten Auftritt zum Vorschein: „Als für Klaras weißes Kleid gespart wurde, da kam monatelang nichts Leckeres auf den Tisch." (39) Das Motiv wiederholt sich am Schluß mit einer verhängnisvollen Nuance: „Du, sein Schoßkind! ... Wärst du's gewesen, er hätte sich umgebracht!" (89) Wieder eine unbewußte, auf Gedankenlosigkeit beruhende Brutalität, mit der er seine Schwester geradezu in den Brunnen stößt. „Klara: Oh, wie das an mein Herz greift! Ja, ich muß fort, fort!" (89) Karl maßt sich gegenüber seiner Schwester die väterliche Gewalt an, die er an seinem Vater verachtet. Dabei wiederholt er bedenkenlos dessen Verhaltensmuster der egoistischen Selbstbefangenheit: Er hört nicht zu, sieht nicht hin, will nichts wissen, ist blind und taub gegen fremde Not und jammert über die eigene. Als Sohn begehrt er gegen den Vater auf, aber „als Patriarch wird er allemal der Sohn dieses Vaters sein".[120]

Auch in manch anderer Beziehung ist er der Sohn seines Vaters. Er verachtet zwar das Kettendasein der alltäglichen Werkstattfron:

> Hobeln, Sägen, Hämmern, dazwischen Essen, Trinken und Schlafen, damit wir immerfort hobeln, sägen und hämmern können, sonntags ein Kniefall obendrein: ich danke dir, Herr, daß ich hobeln, sägen und hämmern darf! (88 f.)

Andererseits steht an zwei Stellen ein Hinweis, daß er sich dieser Fron „abends zwei Stunden länger als die anderen" unterwirft (39; 66). Er kauft sich dafür eine goldene Uhrkette (39), ein verräterisches Symbol. Seinem Aufbegehren zum Trotz liegt er bereits fest an der Kette des bürgerlichen Erwerbsstrebens. Es hält ihn zwar „nichts mehr an der Hobelbank fest" (89), aber seine Meerfahrt, von der er träumt, hat genausoviel zu tun mit Spekulation und Lotterie wie mit jugendlicher Romantik. Er will dem Leben seinen „Kupferdreier, den er aus dem großen Schatz empfangen hat“, wieder hinwerfen, „um zu sehen, ob es ihn einsteckt oder vergoldet zurückgibt“. (89)

Karl möchte seiner Natur nach das Erwerbsspiel ins Hohe, Große und Wagemutige treiben. Die väterliche Werkstatt ist ihm zu eng geworden. Seine Ausbruchsversuche ins Kegelbahn- und Wirtshausmilieu haben den Charakter einer Kraftprobe. Karl sucht den hohen Einsatz, er will den Erwerb des Bürgers mit der erregenden Nervenspannung des Spielers verbinden. Seinem Vater spannen „sich alle Nerven für den Taler“, den er wegwerfen will (58), er sieht keinen ärgeren Frevel, als wenn ein „Handwerksmann seinen sauer verdienten Lohn aufs Spiel setzt“ (ebd.), während Karl sich erst „gedeihen“ sieht, wenn er „sein Leben aufs Spiel setzt“ (89). Das Schlimmste, was der Gerichtsdiener Adam ihm angetan hat, war, daß er ihn „nicht den letzten Wurf hat tun lassen“, obgleich er „die Bossel schon in der Hand hielt“, als er ihn verhaftete (86).

Die Antithetik von Enge und Freiheit, die in der lyrischen Metaphorik von Haus und Blitz, Satzung und Leben bei Hebbel vielfältigen Ausdruck gefunden hat, vollzieht sich zwischen Meister Anton und Karl in zwei gegensätzlichen Formen der Lebensverwirklichung, die nur durch die Einseitigkeit und Starrheit, mit der sie gegeneinander vertreten werden, unversöhnlich sind. Das Leben als freie Fahrt auf offenem Meer, in spielerischem Wagnis dem Schicksal hingeworfen, schwebt dem Sohn als Vision seiner Selbstbefreiung vor Augen. Der Alte möchte das Haus vor dem „Blitz“ bewahren und besteht starrsinnig auf Regel und Ordnung, Sparsinn und stetigem Fleiß, fleckenloser Ehrbarkeit und frommer Weltflucht. Der Sohn hält diesen Kampf aus und erstarkt daran, die Tochter wird dabei „aus der Welt gedrängt“.

So eigensinnig Meister Anton und sein Sohn miteinander im Streit liegen, in einem sind sie sich im Grunde einig: in ihrer Handwerkerehre. Das Motiv breitet sich nicht offen aus, es muß größtenteils aus verdeckter Handlung erschlossen werden.[121]

Karl taucht zwar nur an den beiden äußersten Rändern der Dramenhandlung auf, aber sein Ergehen nach dem abrupten Abgang in I.2 kann aus der Zwischenhandlung leicht rekonstruiert werden:

Nachdem sein Anleiheversuch bei der Mutter mißlungen ist, muß er anderswo Erfolg gehabt haben. Jedenfalls geht er nicht, wie angekündigt, in die Kirche, sondern, protzend mit seiner goldenen Uhrkette, in einen Wirtsgarten mit Kegelbahn. Dort wird er, mitten in einem Kegelwurf, vom Gerichtsdiener Adam wegen Diebstahlsverdachts auf Anordnung des Bürgermeisters verhaftet (59, 86). Adam hatte die Verhaftung aus Rachsucht gegen Meister Anton übereilt nur auf Grund eines vagen Verdachtes gegen Karl durchgesetzt (69, 70). Adam führt den Verhafteten nicht, wie es geboten gewesen wäre, auf dem kürzesten Wege ins Gefängnis, sondern, um ihn und seinen Vater zu erniedrigen, „straßauf, straßab“ und über den Marktplatz (92). Im Gefängnis hört Karl die Totenglocke zum Begräbnis seiner Mutter (s. a. Tab. S. 26f.).

Die Zwischenhandlung ergibt auch zahlreiche Rückblicke auf die Vergangenheit des Sohnes, die Kindheit des verwöhnten „kleinen Lockenkopfes“ (39), seine Verspätungen bei Tisch und den Unmut des Vaters darüber (57), die Entschuldigungsversuche der Mutter (49), seine egozentrische Unbekümmertheit um die Krankheit dieser Mutter und seine Unzuverlässigkeit bei der Einhaltung eines Versprechens (40, 49). Widerstrebend muß aber selbst sein Vater einige positive Züge an ihm konstatieren, wenn er sie auch immer gleich mit negativen konterkariert, seinen Fleiß zum Beispiel (66) und sein Handwerksgeschick, das in dem Vertrauensauftrag zum Polieren eines Sekretärs in einem vornehmen Bürgerhaushalt seine Anerkennung findet. Diese solide Arbeitstugend müßte eigentlich den Vater über die jugendlich leichtsinnige Schuldenmacherei beruhigen.

Er könnte überhaupt, wenn er gerecht wäre, ein bißchen Vaterstolz zeigen über manche Züge dieses Sohnes, die zweifellos sein väterliches Erbgut sind. Es fällt zum Beispiel auf, daß beide mitunter fast die gleiche Sprache sprechen. In grimmiger Selbstpein geht der Vater „Spießruten laufen, s t r a ß a u f, s t r a ß a b“ (61, Hervorhebung d. Verf.), der Sohn kocht vor Zorn, daß man ihn „s t r a ß a u f, s t r a ß a b ...“ geführt hat, „wie den Fastnachtsochsen“ (92). Der Vater fordert Bezahlung mit Gerechtigkeit (67), der Sohn schwört seinem Peiniger: „auch den werd ich bezahlen“ (92). In ihrem Ehrenstandpunkt sind sich beide gleich. Sie können es „in einer Welt nicht aushalten, wo die Leute mitleidig sein müßten, wenn sie nicht“ vor ihnen „ausspucken sollen“ (65). Es müßte den Vater auch erfreuen, daß der Sohn darauf besteht, seine Schuldner selbst zu befriedigen, „wenn ich meine Sonntagskleider verkaufe“ (91). Beide denken und handeln im Grunde in den gleichen Kategorien der Ehrbarkeit und des Handwerkerstolzes, der Sohn allerdings ungebärdiger, wilder, auftrumpfender und jähzorniger als der Vater, dessen Zorn sich mehr in den Formen eines alttestamentarisch gottesfürchtigen Patriarchentums artikuliert.

Dennoch dämonisiert der Vater seinen Sohn. In einer Traumvision sieht er ihn als Mörder und als reichen Mann, der aber, ihm unbegreiflich, in seinem Gewissen völlig unbelastet ist, vielmehr ein Gesicht zeigt, wie „wenn man den ganzen Tag arbeitete und nun die Werkstatt hinter sich abschließt“ (64). Ob er es wahrhaben will oder nicht, er erkennt sich wieder in diesem Sohn.

Dessen Schicksal bleibt offen. Offen bleibt, ob er die angekündigte Rache an Adam vollziehen wird und ob ihm sein Ausbruchsversuch in den Seemannsberuf gelingt. Es sieht nicht so aus, als ob er scheitern wird; er ist als untragische Figur angelegt, mit kräftigen Bezügen zur diesseitigen Welt, beziehungslos zu der tragischen Existenz metaphysischer Vereinsamung, der seine Schwester verfallen ist. Er gehört zu denen, die sich nicht „aus der Welt herausdrängen“ lassen.

2.4 Leonhard und der Sekretär – Das Muster einer kontrastiven Charakterzeichnung

Adam: Kann Er geschriebene Schrift lesen?

Meister Anton: Soll ich können, was nicht einmal mein Schulmeister konnte? (59)

Mutter: ... jetzt müssen wir Alten, die wir uns nicht aufs Lesen und Schreiben verstehen, uns von neunjährigen Buben ausspotten lassen (41).

Sekretär: Die Knaben, die sich so hartnäckig gegen das Abc wehren, wissen wohl, warum ... Man verführt die unschuldigen Seelen, ... bis sie mit Grausen innewerden, in welche Wildnis die verfluchten 24 Buchstaben ... sie hineingelockt haben (71 f.).

Wir machen uns heute kaum einen Begriff, welch einen kulturgeschichtlichen Umbruch die Einführung der Elementarschulen im frühen 19. Jahrhundert einleitete. Ein Riß ging durch die Generationen. Eltern schämten sich vor ihren Kindern wegen ihrer Unkenntnis. Die Erzählung der Mutter von dem leseunkundigen Vater, der sich von einem Schreiber „heimlich bei verschlossenen Türen“ den schön geschriebenen Neujahrswunsch[122] seines Sohnes vorlesen läßt, um „die Unwissenheit nicht aufgedeckt zu sehen“ (41), illustriert diesen Übelstand.

Hebbel sah die Verbreitung des allgemeinen Schulwesens mit zwiespältigen Gefühlen.

> Der Begriff der Bildung ist äußerst relativ, und wie der ekelhafteste Rausch durchs Nippen aus allen Flaschen entsteht, so erzeugt das flache enzyklopädische Wissen, das sich allenfalls in die Breite mitteilen läßt, gerade jenen widerwärtigen Hochmut, der sich keiner Autorität mehr beugt und doch zu der Tiefe, in der sich die geil aufschießenden dialektischen Widersprüche und Gegensätze von selbst lösen, nie hinabdringt.[123]

Die auffällige Kontrastzeichnung der beiden Figuren Leonhard und Sekretär widerspiegelt diese Ambivalenz.

Leonhard benutzt seinen bescheidenen Aufstieg in die „Bildungs“-Schicht, um sich eine armselige Amtskarriere zu erschleichen, nach Möglichkeit dazu auch noch einen mitgiftträchtigen Ehevertrag. Dabei macht er sich die abergläubische Ehrfurcht der analphabetischen Elterngeneration vor der Lese- und Schreibekunst zunutze. „Die Welt wird immer klüger“, verwundert sich die Mutter (41).

Leonhard kann nicht nur lesen und schreiben, sondern auch gut rechnen. Das Amt des Steuereinnehmers (= Kassierer) ist für ihn wie geschaffen. Er pflegt alles genauestens durchzukalkulieren, seinen Berufsplan, seinen Eheplan, seinen Lebensplan. Die Amtsbewerbung, die Verlobung, ja sogar die Verführung seiner Braut, das „letzte Band“, mit dem er sie „fest an sich zu knüpfen“ gedenkt (43), sind kühl berechnet. Die Fehlkalkulation mit der verschenkten Mitgift weiß er in blitzschnellem Rückzug mit Hilfe eines kaltschnäuzigen Entlobungsschreibens zu korrigieren: „Schrecklich! Aber gut für mich“ (59).

Der Widerspruch zwischen seiner bürgerlichen Scheinhonorigkeit und der Ehrlosigkeit seines Charakters ist schneidend. Er weiß sich frömmlerisch einzuschmeicheln, er ist bibelfest (s. 46; 52). Dabei scheut er sich nicht, das Evangelium zynisch im Interesse seines primitiven Karrierismus umzuinterpretieren.

(zu Klara) Sei du ohne Falsch wie die Taube, ich will klug wie die Schlange sein, dann genügen wir, da Mann und Weib doch nur eins sind, dem Evangelienspruch vollkommen (46).[124]

Der Vergleich mit der Schlange (wiederaufgenommen von Klara auf S. 83 und vom Sekretär auf S. 75) soll auf den diabolischen Grundzug der Figur hinweisen. Andererseits wollte Hebbel, ganz im Sinne seiner pantragischen Rechtfertigung aller Figuren des Dramas, in Leonhard nur einen „Lumpen" sehen, keinen „Schuft" (Br. II, 341). Es strömt von diesem Lumpen jedoch eine mephistophelische Kälte aus, die diesem trivialen Charakter ein wenig überpersönliche Bedeutung verleiht. „Du sprichst, als ob du die erste und letzte wärst" (81), entgegnet er zynisch, nachdem Klara sich ihm in ihrer Verzweiflung offenbart hatte. Dies sind die Worte Mephistos in Goethes Faust: „Sie ist die erste nicht". Er ist ein Mephisto in kleinbürgerlicher Gewandung, ein „Scheusal", dem Schöpfergott „zwischen den Fingern durchgeschlüpft", „herausgeputzt" und „in Menschenhaut gesteckt" (Sekretär, 75). „Er braucht ja bloß kein Teufel zu sein" (74), hofft Klara noch, bevor sie ihm ihr Unterwerfungsangebot macht. Dann aber sieht sie „durch seine Brust bis in den Abgrund der Hölle hinunter" (83). Die Figur liegt in der Mitte zwischen teuflischer Niedertracht und spießbürgerlichem Normalmaß. Es fließen auch sozialsatirische Züge in sie ein. Die Intrige zur Ausbootung des Konkurrenzbewerbers Herrmann bei der Ausschreibung des Kassiererpostens wird von Leonhards Saufkumpanen wie eine derbe Lokalposse inszeniert. Auch die Examensszene beim Bürgermeister hat in der Erzählung Leonhards etwas derb Realistisches, niederländisch Genrehaftes. Leonhard zeigt hier ausgesprochen honette, biedermännische Züge. Sein Schreiberamt versieht er mit der Gewissenhaftigkeit eines zünftigen Handwerksmeisters.

Wie fühlt sich der Mensch, wenn er seine Pflicht tut! Jetzt könnte mir in die Tür treten, wer wollte, und wenn's der König wäre – ich würde aufstehen, aber ich würde nicht in Verlegenheit geraten (78).

Dies ist das gleiche Gefühl der ruhigen Selbstzufriedenheit, das den Meister erfüllt, der „den ganzen Tag arbeitete und nun die Werkstatt hinter sich abschließt" (64). Hier erweist er sich fast seelenverwandt mit Anton. Seine ganze diabolische Gerissenheit zielt auf nichts weiter als eine reputierliche Existenz, verbunden mit einer wohlanständigen Ehe in gesicherten Vermögensverhältnissen. Wiewohl ein Lump, ist er doch ein korrekter Lump. Noch in seiner Todesangst bei der Duellforderung steht ihm seine gestelzte Floskelsprache zur Verfügung: „Ich bitte Sie – Sie sehen einen Menschen vor sich, der zu allem bereit ist, was Sie vorschreiben!" (85). Die Mutter „mag ihn wohl leiden, er ist so gesetzt" (40). Er zeigt sogar Anwandlungen von Gewissen, die freilich sogleich wieder von kalter Berechnung konterkariert werden. „Ich muß sie heiraten! Und warum muß ich? Wo liegt die Notwendigkeit?" (84). In seiner charakterlichen Flachheit hält er alles für arrangierbar. Jede tragische Konsequenz hält er für Übertreibung. Klara „soll sich in ihr Schicksal finden" (81). Ihrem Vater soll sie „keck ins Gesicht sagen, daß er allein schuld ist" (82), er erbietet sich sogar, selbst mit dem Alten zu reden (ebd.). Sein Bewußtsein geht völlig auf in den Kategorien des bürgerlichen Geschäfts- und Rechtsverkehrs. „Wer die Aussteuer seiner Tochter wegschenkt, muß sich nicht wundern, daß sie sitzenbleibt" (82). Er sieht sich im Recht, weil Klara bei ihrem „Einspruch" gegen den Entlobungsbrief die Einspruchsfrist nicht gewahrt hat: „... denn du hast nicht zur rechten Zeit gegen meinen Brief protestiert" (82). Dies ist sein Begriff von Vernunft, zu dem er Klara bekehrt zu haben glaubt: „Siehst du, du wirst vernünftig" (82). Seine sanften Gewissensbisse sind leicht verwunden. „Nichts ist schmählicher, als sich mit seinen eigenen Gedanken abzanken zu müssen. Eine Rebellion im Kopf, wo man Wurm auf Wurm gebiert" (84). Dann wieder treibt er mit seinen Reueanwandlungen ein zynisches Spiel, als er sich, im Angesicht Klaras, Blumen ansteckt, hier, wo das Herz sitzt ... die da bedeuten Reue und Scham" (81). Er meint dabei aber nur die Reue über seinen Mangel an Aufmerksamkeit gegenüber der Bürgermeisternichte, seiner neuen Braut, und er äußert dies mit versteckter Häme gegenüber der Frau, die in den Tod zu treiben ihm kein Gewissen macht. Die Verlobung mit dem buckligen Mädchen soll ihm weitere Karrierevorteile einbringen. „Dann hab ich den Bürgermeister auf meiner Seite und brauche vor nichts bange zu sein" (78). Ein solches Spekulieren mit Menschen hat Hebbel mit einem eindeutigen moralischen Verdikt versehen: „Einen Menschen zum bloßen Mittel herabzuwürdigen: ärgste Sünde" (T.1611/1839). Um dieses Motiv kreist auch das 1836 in München entstandene Gedicht *Höchstes Gebot* mit der Anfangszeile „Hab Achtung vor dem Menschenbild“[125]. Es widerspiegelt seine Gewissensbelastung wegen seines Liebesverhältnisses zu Josepha Schwarz (Beppi). Auch in die Figur des Leonhard sind Züge der Selbstanklage eingearbeitet. Das Bewußtsein, daß zwei Frauen sich für seine Dichterlaufbahn als Mittel zum Zweck mißbraucht fühlen mußten, hat Hebbel gerade während seiner Arbeit an der *Maria Magdalena* gequält (s.a. unter 1.4 dieser Arbeit). Solche Züge aber als „selbstporträthafte“ zu deuten, wie es Pörnbacher tut[126], geht zu weit. Hebbel hatte als Modell wohl eher einige der halbgebildeten Kontorhocker im Auge, wie sie ihm in seiner Wesselburener Amtsschreiberzeit begegnet sein mögen. Eine einträgliche Heirat war für solche Hungerleider oft der einzige Weg zu einem besseren Leben.[127]

Es bleibt die Frage, warum Klara sich dem Scheusal Leonhard hingegeben hat, „kalt wie der Tod“ (78). Schließlich hatte sie doch seine berechnenden Absichten längst durchschaut. Ein zeitgenössischer Kritiker hat dem Dichter die psychologische Unglaubwürdigkeit dieses Motivs angekreidet.

> In eben dem Augenblicke, als der ungeliebte, ihr gleichgültige Bräutigam mit Vorwürfen vor sie hintritt, in eben demselben Augenblicke soll sie sich auf seine Forderung ihm hingeben, um ihm, um sich selbst die Lüge zu beweisen, daß sie ihn liebe und den anderen wirklich Geliebten nicht! Wenn dies möglich, wenn dessen ein Mädchen fähig ist, dann ist es ebenso gut möglich, daß der Nordpol den Südpol küßt.[128]

Es gibt, außer im Stück, keine Selbstrechtfertigung Hebbels für dieses in der Tat schwierige Motiv. An drei Stellen gibt Klara ihre Gründe zu erkennen.

> (zu Leonhard) Du lästertest mein Herz, und ich traute ihm selbst nicht mehr. Du standest vor mir wie einer, der eine Schuld einfordert, ich – ach Gott! (44)
> (zum Sekretär) Oh, mein Herz, mein verfluchtes Herz! Um ihm, um mir selbst zu beweisen, daß es nicht so sei, oder um's zu ersticken, wenn's so wäre, tat ich, was mich jetzt – (74)
> (zum Sekretär) Spott und Hohn von allen Seiten... Dazu mein eignes Herz. Hat er dich vergessen, dann zeig ihm, daß auch du – o Gott! (75)

Diese drei in emphatischen Satzabbrüchen hingestammelten Selbstanklagen berufen sich alle auf ihr „Herz“. Das Wort wird hier auf eigenartige Weise metonymisch umgewertet. Die Hingabe Klaras an Leonhard hat mit dem Zug ihres Herzens, mit aufwallender Zuneigung oder Gefühlsüberwältigung nicht das geringste zu tun, sondern paradoxerweise mit dem Gegenteil, nämlich Gefühls- und Liebesverleugnung. Sie ruft ihr Herz an, nicht um ihm zu folgen, sondern um es zu verfluchen. Durch den Akt der sexuellen Unterwerfung unter den von ihr verachteten Mann will sie sich von der Liebesverzweiflung über den von ihr begehrten, aber, wie sie meint, treulosen Mann lösen. Leonhard forderte zudem den Liebesakt wie eine „Schuld" ein, und sie, die in dem Bewußtsein von Schuld und Aufopferung erzogen worden ist, glaubt, sie bezahlen zu müssen. Sie hat die Entsagungsmoral ihres Vaters ins Absurde verinnerlicht. Zudem glaubt sie, die Liebe zu dem gebildeten Akademiker stünde ihr nicht zu, sei Hochmut (s. 75, Z. 9–17). Sie meint, keinen Anspruch auf persönliches Glück zu haben, und als sich ihr diese Glücksmöglichkeit unvermutet eröffnet, ist es für sie zu spät. Sie unterwirft sich der Forderung ihrer Mutter nach einer konventionellen Vernunftehe und glaubt, mit ihrem Gefühlsopfer die Normen bürgerlicher Wohlanständigkeit zu erfüllen, die sie doch gerade mit dem Opfer ihrer Jungfräulichkeit aufs gröbste verletzt. Sie handelt in einer Gefühlspanik. Ihre Motive sind kompliziert, aber nicht komplizierter als die innere Situation dieser Frau, die Selbstverleugnung zu ihrem Lebensgesetz gemacht hat.

Den Weg zu befreiender Selbsterfüllung zeigt ihr der Sekretär. Die tragische Ironie dieses Dramas verbietet ihr, ihn einzuschlagen.

Nur einmal redet Klara den geliebten Mann mit seinem Namen an. Der im Personenverzeichnis wie die Mutter Namenlose heißt wie der Dichter: Friedrich (74). Dennoch ist auch er kein Selbstporträt Hebbels. Es liegt nahe, in ihm einige Züge von Hebbels Jugend- und Studienfreund Emil Rousseau zu suchen, des früh gestorbenen, der den innerlich zerrissenen Dichter mit der Wärme seiner Gemütskraft tief beeindruckt hat.[129]

Der Sekretär hat Jura studiert, wie auch Hebbel und Rousseau, und ist wie diese davon tief enttäuscht. Sein Aufstieg in die „Bildungsschicht" ging höher als der Leonhards, gleichwohl tut er sich weniger darauf zugute. Die Gelehrsamkeit hat ihn nicht verbogen, sondern innerlich befreit. Er ist die einzige Figur im

Drama, zu der Hebbel sich ohne Vorbehalt bekennen kann. „Keine schöneren Naturen als diejenigen, die sich ohne Dumpfheit und Frechheit in gläubigem Vertrauen ans Leben hingeben" (T. 3030/1844).

Friedrich spottet über Justinian, Cajus und das corpus iuris. Von Amt und Karriere redet er nicht. Was er hat, „ist wenig, aber es kann mehr werden" (75). Sein Auftreten ist frei, unbekümmert, offen.

Schon sein Eintritt in Meister Antons Stube hat etwas Märchenprinzenhaftes. Er hat „eine fröhliche Botschaft" (71), will „ein fröhlich Gesicht" sehen, „ein helles Auge" (73), „Jauchze, Vogel", ruft er seinem Mädchen zu, das darauf aber nicht zu jauchzen, sondern zu weinen anfangen möchte (ebd.).

Sein Auftritt (II.5) ist bewußt in Kontrast gesetzt zum Besuch Leonhards (I.4). Das geht bis ins Detail. Leonhard ist „immer verdrießlich" (43), Friedrich, strahlend vor Lebensfreude, verachtet die Verdrießlichen, die „den Himmel anglotzen wie einen Bogen Löschpapier" (73); Leonhard tritt grußlos ein, Friedrich mit einem fröhlichen „Guten Tag!" (71); Leonhard stellt mißtrauische, lauernde Fragen (42 f.), Friedrich offenbart sein Gefühl; Leonhard ergeht sich in kleinlichen Eifersüchteleien, Friedrich klagt sich selbst der Treulosigkeit an (74); Leonhard spekuliert schamlos auf die Mitgift (47), Friedrich wirbt selbstlos („Jetzt biet ich dir alles an, was ich bin und was ich habe." (75)); Leonhard verachtet Klara wegen ihrer Arglosigkeit („Sei kein Kind!" (47)), Friedrich schwelgt mit ihr in Kindheitserinnerungen (71). In den beiden Figuren stehen sich gegenüber: Berechnung und Spontaneität, Opportunismus und Unabhängigkeit, verkniffenes Mißtrauen und offener Sinn, kurz: kleinbürgerliche Enge und die Weite des Lebens.

Friedrich ist indessen nicht nur Kontrastfigur zu Leonhard, sondern zum gesamten Ensemble der bürgerlichen Familie, die in der Enge und Eingezwängtheit ihrer versteinerten Traditionen verharrt. Klara gewinnt durch ihn einen Blick ins Freie und Wahre: „Ach, das ist so wahr, so wahr!" (73) Er hat den „Punkt erlangt, von wo aus die Übersicht möglich wird" (T. 2926). Damit ist er aus den Einseitigkeiten der bürgerlichen Konventionen herausgetreten, nur nicht aus einer. Auch er kann, wie Meister Anton, nicht die Verachtung derer aushalten, die er verachtet. Er hat

Angst, „vor dem Kerl, dem man ins Gesicht spucken möchte, die Augen niederschlagen" zu müssen (76). „Da ist der Hund, der's weiß" (ebd.).[130] Es ist demnach gar nicht der ehrpusselige Anspruch auf eine unberührte Braut, die „Virginitätsmoral" (Lütkehaus), die ihn hindert, auch die letzte Hürde bürgerlicher Bigotterie zu überspringen und ganz seinem Gefühl zu folgen, sondern die aus höfisch-ritterlichen Zeiten ins Bürgertum des 19. Jahrhunderts überkommene Empfindlichkeit gegenüber jeder Irritation der männlichen Selbstachtung. „Darüber kann kein Mann weg" (76). Erst als er, ganz gemäß den Männlichkeitsriten seiner Kaste, den „Hund, der's weiß", aus der Welt weggeschossen hat, erkennt er die wahnhafte Beschränktheit dieses „point d'honneur-Kultes", dessen Opfer allemal die Frau ist.

Hier wird die sozialkritische Tendenz des Stückes deutlich. Hebbels Freund Felix Bamberg, sein Gesprächspartner in Paris zur Zeit der Vollendung der *Maria Magdalena*, bescheinigte dem Dichter das Streben „nach einer neuen Welt, welche ihre Gesetze unmittelbar auf die der Natur baut"[131]. Ilse Krisciokaitis sieht in Hebbel geradezu den Vorkämpfer für eine neue Sexualmoral.

> Hebbel is cognizant that sex, marriage and their role in society have not yet been mastered by man. He does not condemn, nor is he able to liberate his women, but he allows his heroines to grope for a better world.[132]

So gesehen ist *Maria Magdalena* ein emanzipatorisches Drama.

2.5 Die Repräsentanten der bürgerlichen Über-Macht

Die Obrigkeit dieser „mittleren Stadt"[133] ist ein Geflecht von verwandtschaftlichen und gesellschaftlichen Beziehungen. Der wohlhabende Kaufmann Wolfram ist der Schwager des Bürgermeisters (66, Z. 38). Die „rechte Hand" dieses Bürgermeisters ist seine kleine bucklige Nichte, der man den Hof machen muß, wenn man bei ihrem Onkel etwas erreichen will (46, 78). Der Gerichtsdiener Adam, des Bürgermeisters „linke Hand", kann bei diesem „durchsetzen, was er will" (70). Favorit bei der Amtsbewerbung um den Kassiererposten ist der Neffe des Pastors: „Oh, das ist ja abgemacht! – Dein Onkel ...“ (47). Der Nepotismus bestimmt Einfluß und Laufbahnen in dieser verfilzten Gemeinde. Man muß sich gut stellen mit den Mächtigen. Die Hand des Bürgermeisters führt man „demütig an die Lipppen“, wenn er sich gnädig gezeigt hat (46). Und man soll um Gottes willen „keinen reizen“ (70).

Die drei Repräsentanten dieser Obrigkeit treten zwar nur als Chargen oder als verdeckte Figur in die Szene. Jeder von ihnen ist aber mit einigen scharf umrissenen individuellen Zügen gezeichnet, die für den Handlungsablauf bedeutsam werden.

2.5.1
Der Kaufmann Wolfram

Er ist von Natur ein ängstlicher Mensch. Immer ist er um sein Renommee besorgt. Vergeblich bemüht er sich, das Nervenleiden seiner Frau vor den Leuten geheimzuhalten, seiner „armen Kinder“ wegen (68). Den Dienstboten gibt er doppelten Lohn, um ihr Stillschweigen zu erkaufen (ebd.). Trotzdem kennt die ganze Stadt sein Unglück (ebd.). Immer scheitert er in seinem Bemühen um Diskretion, auch bei seiner Diebstahlsanzeige gegen Karl. Er hatte den Gerichtsdiener ersucht, „ganz in der Stille Nachforschungen anzustellen“ (69), der aber posaunt den Verdacht gleich durch die ganze Stadt.

Aber Wolfram ist ein redlicher Mann. Als ihm klar wird, welches Unheil er in seines Nachbarn Familie angerichtet hat, bemüht er sich ehrlich um Wiedergutmachung. Er widerruft sofort seine Anzeige und reitet dem Meister Anton nach, um sich bei ihm zu entschuldigen.

Dabei fühlt er sich nicht schuldig (S. 69), er wälzt vielmehr die Schuld auf sein Opfer ab, das sich schließlich durch seinen schlechten Ruf als „Säufer“ und „Schuldenmacher“ selbst verdächtig gemacht habe. Zu ehrlicher Betroffenheit ist er unfähig.

Seine Neigung zum vorsichtigen, leisen, verschwiegenen und diplomatischen Verhalten hat etwas Duckmäuserisches, Feiges. Als Adam über seine Anzeige einen Freudentanz vollführt, wundert er sich zwar; er versucht, den Mann sogar zu beschwichtigen, er hält ihn aber nicht vor seinen unheilvollen Gewaltmaßnahmen zurück (70). Seine Devise ist, niemanden zu reizen, „die Schlimmen am wenigsten“ (ebd.).

2.5.2
Der Gerichtsdiener Adam

Als er sich bei einem Ehrbaren anbiedern wollte, wurde er als Unehrbarer zurückgewiesen. „Leute im roten Rock mit blauen Aufschlägen mußten ehemals aus Gläsern mit hölzernen Füßen trinken!" (70) Dabei wollte er wohl nur, daß ein wenig von dem Glanz des hochgemuten Handwerksmeisters auf seine armselige Beamtenexistenz fiele, wenn dieser sein Glas mit ihm anstoßen ließ. Die Leute sollten es sehen, mit wem er von gleich zu gleich verkehre. Da wurde er mit dem Abdecker (= Fallmeister, S. 70) auf eine Stufe gestellt.

Die Gleichheit aller Stände vor dem Gesetz, die das Allgemeine Preußische Landrecht seit 1794 garantierte, war um die Mitte des 19. Jahrhunderts offenbar immer noch nicht in das gesellschaftliche Bewußtsein gedrungen. Andererseits sind aber auch die ständischen Privilegien des zunfthandwerklichen Meisters schon obsolet geworden, seit es Gewerbefreiheit gab. Die Statusunsicherheit liegt auf beiden Seiten, und das erklärt die Heftigkeit der Reaktionen. In seinem Hause ist Anton immer noch der unumschränkt über Familie und Gesinde regierende patriarchalische Vatergott. „Alles, was im Hause ist, gehört meinem Vater" (Klara, S. 42). Dort wird er von seinen Kindern respektvoll mit „Er" angeredet, während die Mutter vertrauensvoll von ihnen geduzt wird (s. S. 37 ff.). Sobald er aber aus diesem Hause heraustritt, ist seine Vormacht in Frage gestellt, vor allem von den immer mächtiger und frecher werdenden Staatsdienern, die einst als Büttel und Stadtknechte vom Gnadenpfennig der Gemeindeväter abhängig gewesen waren. Mit seinem maßlosen altväterlichen Standesstolz fordert er die Rachsucht des in seinem unsicheren Statusgefühl gekränkten Staatsdieners heraus. Die in Freiheit gesetzte Knechtsseele feiert ihren Triumph, als ihr unvermutet Macht über den Verhaßten zugespielt wird. Mit Haftbefehl und Durchsuchungsvollmacht wohlausgestattet, bricht er in das Haus seines Widersachers ein, grußlos, mit dem Hut auf dem Kopf (58). Als Adam Anton aber als „seinesgleichen" bezeichnet, erwidert der Meister in ohnmächtigem Zorn das gleichstellende „Er" mit einem verächtlichen „Du": „Bei deinesgleichen, Schuft?" (58) Jetzt spielt Adam brutal sein bißchen ausgeliehene Staatsmacht aus. Er stellt den Diebstahl, ohne den geringsten Beweis in der Hand zu haben, als ausgemachte Sache dar, zitiert mit boshafter Genugtuung aus seinen Papieren und erniedrigt dabei den alten Mann noch zusätzlich dadurch, daß er ihn als Analphabeten bloßstellt (59). Vergeblich appelliert sein Kollege an sein Mitleid (ebd.). Unfähig, den juristischen Mißerfolg seiner Aktion einzugestehen, sagt er, obwohl er nichts gefunden hat: „Suchet, so werdet ihr finden!“ (60)

Die hämische Bemerkung gewinnt in dieser Situation eine unheimliche ominöse Bedeutung, von der Adam selbst nichts ahnt. Anton hat gerade in einer ersten Anwandlung des Mißtrauens Klaras weibliche Unschuld in Zweifel gezogen: „Was ist das? – Bist du –?“ (ebd.) Das Bibelzitat klingt jetzt wie ein Appell an Anton, weiterzusuchen. So entfaltet Adam noch in seinem Abgang unbewußt eine zerstörerische Wirkung.

Dem maßlosen Machtkampf der Männer sind am Ende zwei Frauenleben zum Opfer gefallen. Adam mißbraucht die Staatsgewalt, um seine persönliche Rachsucht zu befriedigen. Er macht sich dabei ungewollt zur Vollzugsgewalt eines tragischen Schicksals. Dieses grausam-ironische Motiv liegt ganz im Sinne von Hebbels tragischer Dialektik.

2.5.3
Der Bürgermeister als verdeckte Figur

Der „Mann mit der goldenen Kette um den Hals“ (66) tritt nicht selbst in Erscheinung, er bleibt ungesehen in geradezu transzendenter Entrückung.

An vier Stellen wird er erwähnt (45 f., 66, 70, 92), nur in der Erzählung Leonhards aber (I.4) gewinnt er Gestalt. Er ist offenbar ein Choleriker. „Du weißt, wie hitzig der Alte ist“ (45). – „Seine Augen blitzten durch die Brille“ (ebd.). – „Jede seiner Mienen spannte sich“ (ebd.). Er läßt sich aber leicht lenken von Personen, die sich in sein Vertrauen eingeschlichen haben. Seine Gewalt ist blind, er durchschaut nichts, auch nicht die Intrige, mit der Leonhard das Bewerberexamen um den Kassiererposten zur Farce gemacht hat. Er glaubt gerecht zu sein, als er dem Anzettler dieser Intrige vertrauensvoll die Hand reicht und deren Opfer verdammt (45 f.). Seine bucklige Nichte hat Einfluß auf ihn, der Gerichtsdiener beherrscht ihn geradezu; er kann alles von ihm erlangen, sogar einen ungerechtfertigten Haftbefehl. So übt er seine Amtsgewalt in launischer Gefühlsaufwallung aus, gewährt Gunst und verhängt Maßnahmen, ohne lange zu prüfen, läßt sich hofieren und die Hand küssen, kurz, er zelebriert alle die typischen, oft karikierten Charaktergebärden der biedermeierlichen deutschen Provinzhonoratioren. Leonhard katzbuckelt vor dieser Gewalt in verächtlicher Weise, Anton versucht wenigstens einen Gedankenaufstand: „... einen Advokaten annehmen ... mein letztes Hemd daran setzen, um zu erfahren, ob der Bürgermeister den Sohn eines ehrlichen Mannes mit Recht ins Gefängnis warf oder nicht" (66). Letzten Endes aber ergibt auch er sich der Obrigkeit wie einer Gottesmacht: „Es war ein Schicksal, und wenn Gott mich schlägt, so falte ich die Hände und spreche: Herr, du weißt, warum" (ebd.).

3 Dramaturgische Ideen und die Wirklichkeit des Dramas

3.1 Die Heiberg-Kontroverse

Der Mann, der am 13. November 1842 an der Kieler Förde auf die Abfahrt des Dampfers nach Kopenhagen wartete, war nun fast dreißig Jahre alt, Vater eines zweijährigen Sohnes, Autor des angesehenen Hamburger Verlagshauses Campe und so bitter arm, daß er im Herbstregen am Fördeufer spazierenging, um die Wirtshauskosten zu sparen.[134] Dabei war er durchaus kein literarischer Niemand mehr. Die Uraufführung der *Judith* am Königlichen Schauspielhaus in Berlin lag zwei Jahre zurück, das Legendendrama *Genoveva* war erschienen, dazu eine erste Ausgabe seiner Gedichte, das Lustspiel *Der Diamant* war abgeschlossen, und der große Ludwig Uhland hatte ihm auf der Durchreise durch Hamburg die Ehre seines Besuchs erwiesen.[135] Er stand in Verbindung mit bedeutenden Autoren des „Jungen Deutschland" wie Gutzkow und Wienbarg und nannte sich, in kühnem Vorgriff auf seine spätere Erlanger Promotion, „Dr. Hebbel". Und in seinem Reisegepäck lagen die ersten Entwürfe zu einem bürgerlichen Trauerspiel mit dem Titel *Klara*, später *Maria Magdalena.*

Der Plan des dänisch-holsteinischen Untertanen, bei seinem Landesherrn, König Christian VIII., um eine Kieler Professur einzukommen, war keine Vermessenheit. Er war ausgestattet mit einer Empfehlung des Grafen Moltke und genoß das Wohlwollen des honorigen Kopenhagener Dichterfürsten Adam Oehlenschläger, den er schon in seiner Wesselburener Amtsschreiberzeit in einem schüchternen Verehrerbrief um Förderung gebeten hatte, damals freilich vergeblich.

Sein junger Ruhm war ihm nach Kopenhagen vorausgereist. Ein junger dänischer Verehrer Hebbels, der Schriftsteller P. C. Moeller, hatte die *Judith* ins Dänische übersetzt. Hebbels im Januar 1843 in Cottas *Morgenblatt für gebildete Stände*[136] erschienener Aufsatz *Ein Wort über das Drama* wurde schon kurz darauf unter dem Titel *Et Ord om Dramaet* in der Kopenhagener Zeitschrift *Faedrelandet*[137] nachgedruckt. Und schon regte sich auch literarische Mißgunst. Professor Johan Ludwig Heiberg (1791–1860) veröffentlichte im *Intelligensblade*[138] einen wütenden Angriff auf Hebbels tiefgründigen dramaturgischen Erstling. Er benutzte die Gelegenheit, Hebbel nicht nur als Ästhetiker, sondern auch als Poeten abzukanzeln:

> Es ist hier nicht der Ort, die *Judith* zu kritisieren und den ästhetischen Mißgriff nachzuweisen, wonach dieses Stück ... verwerflich ist; aber als Drama betrachtet zeigt sie des Verfassers practischen Mangel in so hohem Grade, daß es ihn fast lächerlich macht.[139]

Wer war Heiberg?
Eine mächtige hauptstädtische Autorität in allen Literatur- und Theaterangelegenheiten der königlichen Haupt- und Residenzstadt Kopenhagen, Kathederliterat, Kritiker, Gazettenschreiber und Dramenautor, ab 1849 auch Direktor des Königlichen Theaters. Zusammen mit seiner Frau, der gefeierten Schauspielerin Johanne Luise Pätges, machte er sein Haus zu einem gesellschaftlichen und kulturellen Mittelpunkt Kopenhagens. Mit seiner eigenen Dramenproduktion, soweit sie literarisch ernstzunehmen war, hatte Heiberg beim Publikum kein Glück. Erst als er sich auf die Produktion von Vaudevilles verlegt hatte, jener Pariser Abart der Wiener Volksposse mit Gesang und Tanz, bei der das Publikum die zündenden Couplets mitsang, setzte er sich auf dem Theater durch. Er hatte etwas gefunden, um die klassizistische Theatertradition aufzulockern, so recht etwas für das tivoliselige Kopenhagener Volksgemüt. Daneben befaßte er sich mit Philosophie; an seinem Hegelianismus rieb sich Kierkegaard.

Da Heiberg auch Lektor der dänischen Literatur an der Universität Kiel war, hätte Hebbel sich lieber nicht mit ihm anlegen sollen. Opportunismus lag aber nicht in seinem Charakter. Seine Entgegnung auf Heiberg erschien noch im Jahr 1843 als Broschüre bei Campe unter dem selbstbewußten Titel *Mein Wort über das Drama*, zusammen mit dem Januarartikel aus dem Morgenblatt *Ein Wort über das Drama*. Er versandte sie an seine Kopenhagener Freunde und Gönner. Heiberg konterte umgehend mit *Gjensvar til Hr. Dr. Hebbel* (Erwiderung an Herrn Dr. H.).[140]

Hebbel begründete sein Nichtschweigen auf Heibergs „kümmerliche Anschauungen" (T. 2751) mit der Besorgnis um sein gerade gewonnenes gesellschaftliches Ansehen.

> In dem Augenblick, wo mir von der Großmut meines Königs zum Behuf meiner weiteren Entwicklung ein Reisestipendium ausgesetzt worden ist, muß ich es für meine Pflicht halten, die starken Behauptungen, die sich Professor Heiberg in jener Kritik erlaubt, auf ihr Nichts zu reduzieren.[141]

Es war Hebbels „glücklichster Tag" in seinem von Krankheit und Hunger überschatteten Kopenhagener Aufenthalt gewesen, als nach der zweiten Audienz der König ihn mit den Worten entließ: „Gern werde ich gewähren."[142] Dieses Wohlwollen wollte er sich bewahren. Es ist eine Ironie des Schicksals, daß er es sich durch seinen Widerspruch gegen Heiberg offenbar verscherzte. Als er nach zwei Jahren um die Verlängerung seines Reisestipendiums ersuchte, wurde sie abgelehnt, gegen allen Brauch. Die literarisch-gesellschaftlichen Instanzen, mit denen sich Hebbel angelegt hatte, hatten die Mißgunst des Hofes gegen ihn mobilisiert. Hebbel erhielt gnädigerweise nur das Geld für die Rückreise.

Der Inhalt der Kontroverse aber ist ein literaturhistorischer Glücksfall. *Mein Wort über das Drama* enthält im Keime „alle philosophischen und dramentheoretischen Gedanken Hebbels".[143] Da die Erlanger Dissertation zu diesem Thema verschollen ist, liegen hier, klarer als in dem hegelianisch-begrifflich „ins Enge gezogenen" (T. 3277) Vorwort zur *Maria Magdalena*, Hebbels dramaturgische Überlegungen zum bürgerlichen Trauerspiel zutage.

Hebbels ideeller Anspruch war gewaltig. Er wollte „den ganzen gegenwärtigen Weltzustand" dramatisch darstellen.[144] Das klingt überheblicher, als es gemeint ist. Es war der Anspruch, den er an das Drama als literarische Gattung schlechthin erhob. „Übrigens ist jedes Drama nur so weit lebendig, als es der Zeit, der es entspringt, d. h. ihren höchsten und wahrsten Interessen, zum Ausdruck dient."[145] Im Drama vollzog sich für Hebbel die Begegnung von Kunst und Geschichte. Diesem Gedanken geht er in der Kontroverse nach.

> Es fragt sich nun: In welchem Verhältnis steht das Drama zur Geschichte und inwiefern muß es historisch sein? Ich denke, soweit es dieses schon an und für sich ist und als die Kunst für die höchste Ge-

schichtsschreibung gelten darf, indem sie die großartigsten und bedeutendsten Lebensprozesse gar nicht darstellen kann, ohne die entscheidenden historischen Krisen, welche sie hervorrufen und bedingen, die Auflockerung oder die allmähliche Verdichtung der religiösen und politischen Formen der Welt, als der Hauptleiter und Träger aller Bildung, mit einem Wort: die Atmosphäre der Zeiten zugleich mit zur Anschauung zu bringen.[146]

Hebbel sieht in der Dramenproduktion seiner Zeit drei Richtungen ausgeprägt: die soziale, die historische und die philosophische.[147] „Ein Drama, das diese drei Richtungen in sich vereinigt", sieht er als Ziel seiner „eigenen Bestrebungen".[148] In ihm wäre die Darstellung der sozialen und der geschichtlichen Welt ins Metaphysische erweitert. Die Schwierigkeit einer nicht nur realistisch widerspiegelnden, sondern auch sinndeutenden Darstellung liegt in dem Widerspruch zwischen der abgeschlossenen, in sich zum Kreis gerundeten künstlerischen Form und der Unendlichkeit ihrer Materie, des Lebens.[149]

Das Leben kennt keinen Abschluß, ... die Kunst dagegen muß abschließen, sie muß den Faden ... zum Kreis zusammenknüpfen ... Die Würde des Dramas liegt darin, daß die ihm zugrunde gelegte Idee den Ring abgibt, innerhalb dessen sich alles planetarisch regen und bewegen muß.[150]

Die „planetarische Ordnung" der Tragödie hat ihre besonderen Gravitationsgesetze. Sie beruhen auf dem Antagonismus von zwei gegenläufigen Willensbewegungen: dem Partikularwillen des Individuums „in seiner unbegreiflichen Freiheit"[151] und der unerbittlichen Prozeßhaftigkeit des Weltwillens.

Nur dadurch, daß das Drama uns veranschaulicht, wie das Individuum im Kampf zwischen seinem persönlichen und dem allgemeinen Weltwillen, der die Tat, den Ausdruck der Freiheit, immer durch die Begebenheit, den Ausdruck der Notwendigkeit, modifiziert und umgestaltet, seine Form und seinen Schwerpunkt gewinnt und daß es uns so die Natur alles menschlichen Handelns klar macht, das beständig, sowie es sein inneres Motiv zu manifestieren sucht, zugleich ein widerstrebendes, auf Herstellung des Gleichgewichtes berechnetes äußeres entbindet – nur dadurch wird das Drama lebendig.[152]

Die Äquivalenz von Freiheit und Notwendigkeit motiviert das dramatische Geschehen bis in jede persönliche Regung. „Die totale Motivation“ nennt das Mechthild Keller.[153] Das Drama Hebbels ist demnach eine Symbolform dessen, was er an anderer Stelle „Dualismus“ nennt. In dem „bedenklichen Verhältnis“ des „aus dem ursprünglichen Nexus entlassenen Individuums“ gegenüber dem „Ganzen“[154] offenbart sich Tragik. Arno Scheunert hat dafür den Ausdruck „Pantragismus“[155] geprägt, der leider zum Schlagwort abgesunken ist. Der Trieb des Individualwillens, sich mit dem Weltganzen immer wieder in einen selbstzerstörerischen Konflikt einzulassen, muß im Zusammenhang mit Hebbels eigentümlicher Tatreligion gesehen werden. „Es gibt keinen Weg zur Gottheit als durch das Tun des Menschen ... Alle andere Religion ist Dunst und leerer Schein.“ (T. 1211/1838) Zwischen der in der Welt wirksamen Schöpferkraft und dem Tatwillen des Menschen sieht Hebbel eine polare Spannung wirken. Es liegt nahe, diese ganz originale „energetische“ Weltsicht als den philosophischen Reflex seines unerhört entbehrungsreichen sozialen Durchsetzungskampfes zu sehen. In der Münchener Studienzeit tritt dazu ein antichristliches Ressentiment.

> In jedem Fall soll ich alles aufbieten, was an Kraft in mich gelegt ist ... Das Christentum verrückt diesen Grundstein der Menschheit. Es predigt die Sünde, die Demut und die Gnade. (Br. I. 163)

Gleichzeitig verehrt Hebbel jedoch in Christus „eine hohe, vielleicht die höchste sittliche Erscheinung der Geschichte“, den einzigen Menschen, „der durch Leiden groß geworden ist“ (ebd.). „Leiden“ ist in diesem Fall aber eine modifizierte Form des „Tuns“. Auch die Klara ist eine solche Leidensfigur. „Durch Dulden Tun: Idee des Weibes“ und „Klara dramatisch“ (T. 1516; 1517) hießen die ersten Tagebuchnotizen zur *Maria Magdalena.* (Dem entspricht T. 1802: „In der *Judith* zeichne ich die Tat eines Weibes, also den ärgsten Kontrast, dies Wollen und Nicht-Können, was doch kein Handeln ist.“) Es liegt nahe, in Klara, anklingend an die Christusfigur, eine ins Passive gewendete Erlösungstäterin zu sehen. (S. a. Kap. 2.3 dieser Arbeit, „Klara“.) *Dem Schmerz sein Recht!* – so ein Gedichttitel von 1842 – hieß Hebbels pathetischer Kampfruf gegen eine untragische biedermeierliche Gemütskultur. Dieses Postulat bestimmt auch die tragische Unerbittlichkeit im Schicksal seiner Klara. „Es ist das ewige Gesetz, das waltet“ (ebd.), ein pantragisches Weltgesetz, nach dem alle

„im Recht sind" und sich doch alle aneinander schuldig machen. *Maria Magdalena* ist die unversöhnlichste der Tragödien Hebbels im Sinne seines Pantragismus. Die Gefühlshärte der Handelnden ist nicht gemildert durch ein höheres Weltbewußtsein, wie etwa bei Herzog Ernst in *Agnes Bernauer.* Alle Figuren verharren in einem dumpfen Gefühl der Ausgeliefertheit an ein übermächtiges Schicksal. Selbst der Sekretär gelangt erst in der letzten Szene an einen Punkt, „wo die Übersicht möglich wird" (Br. II. 341). Anton ist geradezu ein Beispiel für pantragische Getriebenheit. Völlig unfähig, sich und seine enge patriarchalische Ideenwelt in Frage zu stellen, „entbindet er das furchtbarste Geschick" (ebd.). Kein Funke eines erhellenden Bewußtseins dringt in sein düsteres Ideengefängnis, er „versteht die Welt nicht mehr". Leonhard, in sein primitives kleinbürgerliches Karrieredenken eingezwängt, ist nun vollends jeder höheren „Übersicht" unzugänglich.

Bei aller Unabdingbarkeit seiner pantragischen Weltsicht eröffnet Hebbel aber doch die Möglichkeit eines dialektischen Umschlages in der historischen Entwicklung: „Konsequenzen dämmern auf, die wohl erst nach Jahrhunderten in den Lebenskatechismus Aufnahme finden werden." (Br. II, 341)

War Hebbel ein unbewußter Hegelianer? Jedenfalls verbindet er in *Mein Wort über das Drama,* noch ganz ohne explizite Kenntnis Hegels, den Gedanken einer historischen Dialektik mit seinem ganz eigenen heroischen Nihilismus. (S. a. Kap. 3.3 dieser Arbeit.) Was hatte der Hegelianer Heiberg dagegen einzuwenden? Nicht viel mehr als eifernde Besserwisserei des Adepten, mit der er gegen den originalen Denker zu Felde zog. Er propagierte eine Art von progressivem Ideendrama.

> Der idealistische Fortschritt fordert, daß die Charaktere jetzt gesehen werden sollen in der Abhängigkeit von der Idee und daß folglich diese die Oberherrschaft einnehmen muß, welche in Shakespeares Zeiten der Fabel eingeräumt war.[156]

Mit einem eigenen blutleeren Philosophendrama (*Fata Morgana,* 1838) war Heiberg allerdings beim Kopenhagener Publikum durchgefallen. Trotzdem behauptet er hämisch, daß „in Dänemark in neuerer Zeit dramatisch weit Größeres hervorgebracht" worden sei als in Deutschland (zitiert bei Nägele, S. 48).

Heiberg war für Hebbel kein ernstzunehmender Kontrahent. Die Kontroverse gab ihm jedoch Gelegenheit, zum erstenmal seinen dramaturgischen Grundakkord anzuschlagen, der von nun an seine Dramenproduktion mehr philosophisch begleiten als hermeneutisch erhellen wird. Die neuere Hebbel-Interpretation jedenfalls gewinnt ihre Kriterien mit Recht eher aus dem dichterischen Werk und seinem Formenbestand als aus Hebbels interessanter, aber eigenwilliger Dramentheorie.

3.2
Die Problematik des Vorworts zur „Maria Magdalena"

Hebbel fürchtete, sein bürgerliches Trauerspiel könnte mit einem Familien-Rührstück im Stil Ifflands oder Kotzebues verwechselt werden.[157] Er erhob, wie schon in der Heiberg-Kontroverse, den Anspruch, „nicht Theater- oder Lesefutter zu liefern, sondern ... den Grundstein zu einem ganz neuen, bis jetzt noch nicht dagewesenen Drama zu legen".[158] So ließ er sich von seinem Pariser Freund und Mentor Dr. Felix Bamberg[159] bewegen, in Form eines „Vorwortes zur *Maria Magdalena*" sozusagen „den Riß zum Gebäude" mitzuliefern.[160]

Der Untertitel dieses „Vorworts" („betreffend das Verhältnis der dramatischen Kunst zur Zeit und verwandte Punkte") bezeichnet allerdings seinen weit über den Charakter eines Proömiums hinausgehenden Charakter treffender. Es ist wieder ein dramaturgisches Glaubensbekenntnis daraus geworden.

Der Autodidakt Hebbel war besonders empfindlich gegen den Vorwurf der Naivität. Das „Vorwort" wird ihm nun genau den gegenteiligen Vorwurf zuziehen, nämlich den, daß er „nach abstracten Ideen dichtete".[161] „Bisher hatten meine Kritiker mich nämlich für so naiv gehalten, daß sie mir allenfalls zutrauten, ich als Vater könne meine eigenen Kinder nicht sehen, nun fanden sie mich plötzlich reflectirt."[162] Seine eigene Einschätzung dieses Vorwortes war auffällig schwankend. „Dies Vorwort ist mir außerordentlich geglückt"[163], „es ist das Beste, was ich in Prosa jemals geschrieben habe"[164], heißt es euphorisch unmittelbar nach der Fertigstellung, „zum Nachteil der Form zu sehr ins Enge gezogen" nennt er es selbstkritisch im Jahresrückblick 1844 (T. 3277). Am Ende wird er sein Geisteskind geradezu selbst verleugnen:

Die Vorrede hat Felix Bamberg auf seinem Gewissen, der sie mir abpreßte.[165]
Sie entstand nicht, um neue Gesetze zu verkündigen, sondern um mich zu beruhigen.[166]
Sie hat mit meiner Praxis so wenig zu schaffen wie Schillers Abhandlung über die Moralität der Schaubühne mit der seinigen.[167]

Die komprimierte, hegelianisch eingefärbte Begriffssprache des Vorworts beeinträchtigt ihre Verständlichkeit. Es ist mehr von Geschichtsphilosophie die Rede als vom bürgerlichen Trauerspiel.

Hebbel wollte diesmal dem „gemeinen Haufen der Recensenten à la Heiberg“[168] von vornherein das Maul stopfen. Ein „Manifest“ sollte das „Vorwort“ werden, eine „Kriegserklärung“.[169] „Jung-Deutschland, die Schwäbische Schule, die politischen Poeten, die neuen Dramatiker“, alle sollten „im Vorbeigehen abgethan werden.“[170]

Der Inhalt beschreibt einen großen gedanklichen Bogen von der attischen Tragödie bis zum zeitgenössischen Theater. In der Hochblüte der dramatischen Dichtung einer Epoche sah Hebbel jeweils einen geistesgeschichtlichen Wendepunkt markiert. Bisher gab es in der Geschichte zwei Krisen, so meinte er, „in welchen das höchste Drama hervortreten konnte ...: einmal bei den Alten, als die antike Weltanschauung aus ihrer ursprünglichen Naivität in das ... Moment der Reflexion überging, und einmal bei den Neuern, als in der christlichen eine ähnliche Selbstentzweiung eintrat.“ (4)

Hebbel sah 1844 den Punkt eines neuerlichen epochalen Umschwungs nahe, wo das Drama „in großen gewaltigen Bildern zeigen“ muß, „wie die ... durch die letzte große Geschichtsbewegung entfesselten Elemente, durcheinanderflutend und sich gegenseitig bekämpfend, die neue Form der Menschheit, in welcher alles wieder an seine Stelle treten, in welcher das Weib dem Manne wieder gegenüberstehen wird, wie dieser der Gesellschaft, und wie die Gesellschaft der Idee, erzeugen.“ (7)

In solchen komplizierten hypotaktischen Konstruktionen steigert sich Hebbel in ein geradezu sozialrevolutionäres Pathos. Vom „Brechen der Weltzustände“ (7) ist die Rede, vom „Zusammenstürzen der Kirchen und Häuser“ und „ungebändigt hereindrängenden Fluten des Meeres“ (8). Hier klingt das „Vorwort“ fast wie eine vorweggenommene expressionistische „Menschheitsdämmerung".

Lütkehaus sieht einen Zusammenhang zwischen dem „Vorwort" und Hebbels Begegnung mit dem Junghegelianer Arnold Ruge, dem Freund Karl Marx'.[171] Hebbels Kenntnis der von Marx und Ruge herausgegebenen Deutsch-Französischen Jahrbücher ist belegt. Hebbel war sich der sozialen Antagonismen zwischen Bourgeoisie und Proletariat bewußt. „Die Proletarier in Paris, wie die Ungeheuer des Meeres in der Tiefe, während oben alles blank und ruhig scheint." (T. 2785/1843) Eine politisch-ideologische Allianz mit den Linkshegelianern aber war für ihn ausgeschlossen. „Ich könnte ... keine zwei Schritte mit diesen Leuten gehen."[172] Die sozialen Probleme des Industriezeitalters verbildlichte er auf seine eigene Weise: in hochfliegenden idealistischen Visionen von einer „neuen Form der Menschheit" (s. o.).

> Die dramatische Kunst soll den welthistorischen Prozeß, der in unseren Tagen vor sich geht und der die vorhandenen Institutionen des menschlichen Geschlechts, die politischen, religiösen und sittlichen, nicht umstürzen, sondern tiefer begründen, sie also vor dem Umsturz sichern will, beendigen helfen. (11)

Hebbel verschloß nicht, in poetische Innerlichkeit versunken, die Augen vor den Nöten und Kämpfen seiner Zeit, er wollte aber kein politischer Tendenzschriftsteller sein. Poesie war ihm „Spiegel des Jahrhunderts und der Bewegung der Menschheit im allgemeinen", nicht „Spiegel des Tages, ja der Stunde" (15). Gegen Karl Gutzkow, ja gegen die ganze jungdeutsche Schule wandte er ein, sie sähen die Begriffe der „Zeit" und des „Zeitungsblattes identisch" (12). Wenn er auch dem Zeitgeist keine Opfer bringen wollte, so wollte doch Hebbel seine Kunst als „zeitgemäß" verstanden wissen, selbst einen so zeitfernen Stoff wie die *Genoveva* (11). Die „individuellen Lebensprozesse", die er darstellte, sah er „mit den jetzt obschwebenden allgemeinen Prinzipienfragen in engster Verbindung stehen" (ebd.). Ebenso polemisch scharf wie gegen die antipoetische Tendenz des Jungen Deutschland wandte er sich gegen die epigonale Romantik der Schwäbischen Dichterschule. Sie ist für ihn nichts als der „piepsende Ratten- und Mäusekönig" (14), der sich dem großen Uhland angehängt habe. Er selbst sieht das Verhältnis poetischer Innerlichkeit zur äußeren

Welt des Sozialen in einer fruchtbaren dialektischen Spannung, wie er es in der ersten Stanze des Widmungsgedichts an Christian VIII. mit formaler Eleganz zum Ausdruck bringt:

Dem Dichter ist es an- und eingeboren,
Daß er sich lange in sich selbst versenkt
Und, in das innre Labyrinth verloren,
Des äußeren der Welt erst spät gedenkt;
Und dennoch hat ihn die Natur erkoren,
Zu zeigen, wie sich dies mit dem verschränkt,
Und es in klarem Bilde darzustellen,
Wie beide sich ergänzen und erhellen. (32)

Das Vorwort klingt aus in einer Darstellung des Tragik-Begriffes, den er schon im Aufsatz vom Januar 1843 *(Ein Wort über das Drama)* in ähnlicher Weise formuliert hatte, jetzt aber mit einer Nutzanwendung auf sein neues Drama. Sein bürgerliches Trauerspiel, sagt Hebbel, sei frei von den zwei „Übelständen" (26) oder „Erbfehlern" (29) dieser Gattung, durch die es „in Deutschland in Mißkredit geraten" sei (26). Diese seien erstens: die Tragik der „konventionellen Verwirrungen" (28), z. B. das Scheitern einer „zusammengeflickten" Liebesaffäre an der Standesschranke Adel/Bürgertum, zweitens: die idealisierende „Adelung" bürgerlicher Figuren durch „schöne Reden", die ihnen die Dichter „aus ihrem eigenen Schatz vorstrecken" (27). Dagegen trete in seinem Drama „das Tragische als ein von vornherein mit Notwendigkeit Bedingtes, als ein, wie der Tod, mit dem Leben Gesetztes und gar nicht zu Umgehendes" auf (26). Die Sprache seiner bürgerlichen Menschen sei weder die des Salons und der Promenade noch „am Sternenhimmel" gepflückt, sondern so, wie „der Handwerker sie sich in seiner Werkstatt, der Pflüger sie hinter seinem Pflug zusammenliest" (27). Auch im Tagebuch rühmt er sich, seine Personen „aus den rechten Elementen, den diesen Kreisen selbst angehörigen" dargestellt zu haben, ohne „übertriebene Empfindeleien" oder „stockige Borniertheit" (T. 2910).

Mit diesem Bekenntnis zum bürgerlichen Realismus verbindet sich die tragische Heroisierung des bürgerlich-handwerklichen Menschen, der so gut wie Personen höheren Standes „ein Schicksal, unter Umständen ein ungeheures Schicksal" (27) haben kann. Die Tragik, sagt Hebbel, sei hier nicht aus „Äußerlichkeiten", sondern aus der „schrecklichen Gebundenheit des Lebens in der

Einseitigkeit" (26) aufgebaut, aus der „schroffen Geschlossenheit, womit die der Dialektik unfähigen Individuen sich in dem beschränktesten Kreis gegenüberstehen" (ebd.).

Man muß das Tagebuch zu Hilfe nehmen, um die „ins Enge gezogenen" Begriffe „Einseitigkeit", „Geschlossenheit", „Gebundenheit", „beschränkter Kreis" als Komponenten in Hebbels pantragischer Weltsicht zu verstehen. Sie dienen nicht einfach nur der Charakterisierung kleinbürgerlicher Sozialverhältnisse. Hebbels bürgerliches Trauerspiel ist, wie oben gezeigt, von der Idee eines dualistischen Spannungsverhältnisses zwischen Individuum und Universum beherrscht.

> Alles Leben ist Kampf des Individuellen mit dem Universum. (T. 2129/1840)
>
> Der Dualismus geht durch alle unsere Anschauungen und Gedanken, durch jedes einzelne Moment unseres Seins hindurch. (T. 2197/1840)
>
> Leben ist der Versuch des trotzig-widerspenstigen Teils, sich vom Ganzen loszureißen. (T. 2262/1841)
>
> Was wir Leben nennen, ist die Vermessenheit eines Teils dem Ganzen gegenüber. (T. 2440/1842)
>
> Alles Individuelle ist nur ein an dem Einen und Ewigen hervortretendes und von demselben unzertrennliches Farbenspiel. (T. 2731/1843)
>
> Es gibt nur eine Notwendigkeit, die, daß die Welt besteht, wie es den Individuen aber in der Welt ergeht, ist gleichgültig. (T. 2828/1843)
>
> Ein Mensch, der sich in Leid verzehrt, und ein Blatt, das vor der Zeit verwelkt, sind vor der höchsten Macht gleichviel. (T. 2881/1843)

Die Jahreszahlen zeigen, wie diese heroisch-nihilistische Gedankenkette neben der Arbeit an *Maria Magdalena* einherläuft. Glaser[173] liest den tragischen Dualismus Hebbels als „Chiffre des bürgerlichen Individualismus" und als „ästhetische Reflexionsform" des Interessenantagonismus der bürgerlichen Gesellschaft. Diese verengende soziologische Interpretation (auch bei Lütkehaus und J. Müller) ist nur durch die Engelssche Widerspiegelungstheorie zu stützen, nach der der Autor, ob er will oder nicht, gar nicht umhin kann, soziale Überbauphänomene abzubilden.

Eine der Persönlichkeit Hebbels näherstehende Deutung erklärt die Konstruktion einer dualistischen Daseinsstruktur als den ganz persönlichen Drang des Dichters nach der Entlastung seines schwer bedrängten Gewissens.[174] „Alle Hebbelschen Tragödien leben aus der Tragik individueller Einsamkeit."[175]

In einem irrte sich Hebbel. Sein „Vorwort" flößte den Kritikern seines Werkes keineswegs den „Respect"[176] ein, den er davon erwartete. Sie sahen es eher so, daß der Denker Hebbel den Dichter Hebbel beeinträchtigt habe.[177] Manche reagierten sogar ausgesprochen hämisch, wie z. B. der vulgäre Glaßbrenner:

> Herr Hebbel, der in seiner Vorrede zur *Maria Magdalena* auf die großen Intentionen, auf den mehr als classischen Werth seiner Tragödien hinweist, ... will das Individuum im Konflict mit den Zuständen untergehen lassen. Wenn man sich durch die Dialectik der höhern Kritik nicht verführen läßt, muß man hell auflachen über den gelehrten Quark.[178]

Ähnlich, wenn auch etwas vornehmer formuliert, äußerte sich Julian Schmidt in der Zeitschrift *Grenzboten.* Den Text der *Maria Magdalena* wollte man allenfalls gelten lassen, keinesfalls aber des Dichters eigenen Kommentar.

3.3 Die Auseinandersetzung mit Hegels Ästhetik

„Hegel, Schuldbegriff, Rechtsphilosophie § 140, ganz der meinige. Hätt' ich's gewußt, als ich gegen Herrn Heiberg schrieb!" (T. 3088) Diese Erhellung kam Hebbel bei der Abfassung des Vorworts zur *Maria Magdalena* im Frühjahr 1844. Es ist dies, durch Felix Bamberg vermittelt, „der Punkt der stärksten Annäherung an Hegel"[179] in Hebbels Denken. Wenig später, zur Zeit der Arbeit an der Erlanger Dissertation, ist er von Hegel schon wieder weit abgerückt. Jetzt erklärt er den Begriff der Schuld aus der „Inkongruenz zwischen Idee und Erscheinung" (T. 3158).

> Wenn man sich den Weltgeist ungefähr auf dieselbe Weise in die Welt wie den Menschengeist in den Leib versenkt vorstellen darf, so ist die Poesie für ihn, was das Gewissen für den Menschen: das Organ der inneren Freiheit in der äußeren Gebundenheit ... Auch von ihm kann man sagen, daß er sein Ziel erst dann erreicht hat, wenn es keine Poesie mehr geben, d. h. wenn der Widerspruch zwischen Idee und Erscheinung aufgehoben und alles poetisch sein wird. (T. 3191)

Dieses an die Frühromantik anklingende Theorem kommt nicht von Hegel. Horst Siebert[180] hat nachgewiesen, daß ein anderer philosophischer Einfluß auf Hebbel Hegel überlagert hat. Es ist der Berliner Professor für philosophische Ästhetik Karl Wilhelm Friedrich Solger (1780–1819), dessen „Nachgelassene Schriften" Hebbel schon 1838 in München studiert hat.[181] Von ihm hat Hebbel den Gedanken von der Prävalenz des Dramas über alle anderen Kunstgattungen übernommen. „Die dramatische Poesie ist die universelle, da sie keinen besonderen Stoff in Beziehung auf die Idee, sondern die Idee selbst in ihrer reinen Thätigkeit darstellt."[182]

Vor allem aber ist es der Gedanke der Inkongruenz zwischen Idee und Realität, von der Hebbel den stärksten Impuls für sein Verständnis von Tragik empfangen hat:

> So beruht das Tragische auf inneren Widersprüchen der menschlichen Natur, durch welche das Höchste, die Idee, in die Sphäre der Erscheinung herabgezogen wird ... Das Loos des Menschen überhaupt, daß er an dem Höchsten Theil hat und dennoch existieren muß, bringt das echt tragische Gefühl hervor.[183]

Hebbel hat sich oft darüber mokiert, daß man in seiner „Anschauung der Welt und der Dinge immer nur den Hegelianismus zu wittern glaubte".[184] „Man irrt", sagte er, „wenn man mich einen Schüler Hegels nennt. Ich bin es so wenig im weiteren wie im engeren Sinne."[185] Noch Oskar Walzel aber staunte darüber, „daß der menschliche Geist sich durch Hebbel gerade in den Denkformen Hegels verkündet hat".[186]

Nun ist es allerdings wirklich erstaunlich, wie sehr Hebbel lange vor seiner Pariser Hegel-Lektüre in den Begriffen der Dialektik dachte. Schon 1840 taucht der Begriff der „Aufhebung" im Tagebuch auf: „Man macht an das Große und Schöne unbewußt immer den Anspruch, daß es nicht bloß dasein, daß es auch zeugen und sein Gegenteil aufheben, vernichten, in etwas ihm Analoges verwandeln soll." (T. 1873) Andererseits finden sich immer wieder Ausdrücke heftiger Aversion gegen Hegel: „Durch den ganzen Hegel geht ein Zug grandioser Ignobilität hindurch." (T. 3137) „Es ist ein ungeheurer Irrtum von Hegel, daß die Kunst überwunden werden könne." (T. 3209) Besonders die Behauptung von der geistesgeschichtlichen Überholtheit der Kunst mußte Hebbel abstoßen. Sie (die Kunst) habe „aufgehört, das höchste Bedürfnis des Geistes zu sein"[187], hatte Hegel verkündet. Für Hebbel dagegen ist „die Poesie das Positivste des Weltgeistes" (T. 3191).

Im wesentlichen aber ist es ein geschichtsphilosophischer Dissens, der Hebbel von Hegel trennt. Schon in der Heiberg-Kontroverse trat er zutage. Hegels Gedanke einer Mediation, der Vermittlung zwischen den Gegensätzen, war Hebbel fremd. Heibergs Feststellung, daß Hebbel die Schuld „unaufgehoben stehen lasse"[188], traf zu, konnte Hebbel aber nicht beirren. Eine Lösung im Sinne einer Theodizee kam in seinem Weltbild nicht vor, schon gar nicht im Sinne eines idealistischen „Fortschritts".

> Das Drama verliert sich mit dem Weltmysterium in eine und dieselbe Nacht ... Was es erreicht, ist die Satisfaktion, die es der Idee durch den Untergang des ihr durch sein Handeln oder durch sein Dasein selbst widerstrebenden Individuums verschafft.[189]

Die unter den zeitgenössischen Dramatikern diskutierte „Versöhnung in der Tragödie" erweckte nur Hebbels Ironie. Sie bedeutete für ihn, „daß die kämpfenden Potenzen sich erst miteinander schlagen, dann aber miteinander tanzen sollen" (T. 2972/1843).

Mit seiner Idee der tragischen Unversöhnlichkeit bekennt sich Hebbel als Anti-Hegelianer. Es steckt in seinen Dramen nach Birgit Fenner „eine schärfere Kritik an dem Vermittlungsunternehmen Hegels, als die Historiker sie je geübt haben ... Hebbel fehlte der Optimismus, der in solchen Hoffnungen steckte." (a.a.O. – 1979 – S. 56)

3.4
Friedrich Schiller als Vorbild und Gegenbild

Zur Gestalt und zum Werk Friedrich Schillers stand Hebbel sein Leben lang in einem wechselnden Verhältnis von Anziehung und Abstoßung, liebender Verehrung und kritischer Distanz. In seinem harten und entbehrungsreichen Lebensgang fühlte er sich ihm schicksalsverwandt. Schiller hat ihm bewiesen, „daß die innere Entwicklung eines von der Natur hinreichend ausgestatteten Geistes nicht so sehr von der äußeren Lage abhängt, wie man gewöhnlich annimmt, und daß ein jeder sich irrt, der der Welt seine Meisterstücke nur darum schuldig zu sein glaubt, weil die Welt ihm seine Renten schuldig geblieben ist".[190]

Am Anfang seiner Dichterlaufbahn steht allerdings eine schroffe Abkehr von Schiller. Die frühe Lyrik der Wesselburener Jugendzeit, erschienen in einigen Nummern des *Königlich privi-*

legierten Ditmarser und Eiderstedter Boten, steht mit ihrem hochgespannten Ideenpathos noch ganz im Bann der Schillerschen Gedankenlyrik:

> In der Ferne liegt das vergangene Glück,
> Und Stürme umbrausen das Leben,
> Und nächtliche Finsternis dunkelt den Blick …
> (*Sehnsucht*, Wesselburen 1829)

Man vergleiche damit:

> Quellende, schwellende Nacht,
> Voll von Lichtern und Sternen,
> In den ewigen Fernen,
> Sage, was ist da erwacht!
> (*Nachtlied*, Heidelberg 1836)

Der Entwicklungssprung zu dem eigenen, an romantische Naturlyrik anklingenden lyrischen Stil ist gewaltig. Das Vorbild Schiller wird jetzt durch Ludwig Uhland als Lehrmeister ersetzt, „weil er nichts verschmähte, nur das, was ich bisher für das Höchste angesehen hatte, die Reflexion" (T. 136/1836), Schiller habe dagegen „nur Gefühl für Gedanken" (T. 913/1837).

In ähnlicher Weise distanzierte sich Hebbel auch bald von Schillers Dramatik. Er hatte Schillers Dramen früh in der Bibliothek seines Wesselburener Dienstherrn, des Kirchspielvogts Mohr, kennengelernt. Die Wesselburener Liebhaberbühne, deren „Direktor" der junge Hebbel sich nannte, lebte von seiner Schillerbegeisterung. Ein Jugenddrama des Achtzehnjährigen, *Der Vatermörder, ein dramatisches Naturgedicht*, zeigte sprachstilistische Anklänge an *Die Räuber*. Zehn Jahre später klingt Hebbels Kritik an Schiller sehr sarkastisch. Die *Jungfrau von Orléans* will er „ins Wachsfigurenkabinett" verbannt wissen.[191] Schiller habe mit ihr „den bedeutendsten Stoff der Geschichte … auf eine unerträgliche Weise verpfuscht".[192] Er interessierte sich selbst für diesen Stoff, weil sie eine „Idee abspiegelte", den „Blick in die ewige Ordnung der Natur, die die Gottheit selbst nicht stören darf" (T. 1011).

Hebbel konkurrierte mit Schiller auf dessen eigenem Gebiet, dem Ideendrama. Am Ende seines Lebens versuchte er sich am Demetrius-Stoff und hinterließ, wie Schiller, sein Drama über ihn unvollendet. Wie Schiller bemühte sich Hebbel, mit seiner dramatischen Dichtung dem Gesetz der Geschichte auf den Grund zu kommen. Als dramatischen Dichter aber sieht er sich von Grund verschieden von Schiller. Einen „Gedankendichter" nennt er ihn, einen „Lehrdichter" (T. 2265). „Jedes echte Kunstwerk ist ein geheimnisvolles, vieldeutiges, in gewissem Sinn unergründliches Symbol. Je mehr nun eine Dichtung aus dem bloßen Gedanken hervorging, je weniger ist sie dies." (T. 2265) Dichten heißt für Hebbel „nicht Leben-Entziffern, sondern Leben-Schaffen" (ebd.). Der „Lehrdichter" liefere „statt des Rätsels, das uns allein interessiert, die nackte, kahle Auflösung" (ebd.). Gedankendichtung ist „wie eine Muschel, die ihre Perle hergab" und dann „beiseite geworfen" wird (ebd.). „Das Bewußtsein hat an allem wahrhaft Großen und Schönen, das von Menschen ausgeht, wenig oder gar keinen Anteil." (T. 1496)

Hebbel macht sich das Verdikt der Frühromantiker gegen Schiller zu eigen, indem er dessen „ewiges Deklamieren und Spreizen"[193] bemängelt.

Wieder zehn Jahre später klingt seine Kritik etwas moderater:

> Schiller floh zunächst aus der realen Welt in die ideale, aus der Welt der Verworrenheit in die der vorherbestimmten Harmonie ... Der blaue Himmel seiner idealen Welt, mit den wenigen Wölkchen, die er zuließ, war leicht gemalt, und ebenso leicht waren die durchaus noblen Helden und Heldinnen mit ihrem einseitigen, sich nie verirrenden Pathos hingestellt, die sich in ihr bewegten".[194]

Und doch fühlt sich Hebbel dem erdentrückten Sänger der reinen Idee innerlich verwandt. Die Neigung zur Gedankendichtung, die er an Schiller so sehr tadelte, machte er sich auch selbst zum Vorwurf. Mit der *Maria Magdalena* glaubte er sie überwunden zu haben.

> Bei dieser Dichtung ging es eigen in mir zu. Es kam darauf an, durch das einfache Lebensbild selbst zu wirken und alle Seitenblicke des Gedankens und der Reflexion zu vermeiden. Das ist aber schwerer, als man denkt, wenn man es gewohnt ist, die Erscheinungen und Gestalten auf die Ideen, die sie repräsentieren, zurückzubeziehen ... Ich glaube, daß mir diese Selbstaufopferung ... geglückt ist (T. 2910, unmittelbar nach Abschluß des Dramas).

Als Musterbeispiel wirklichkeitsferner Deklamationspoesie erschien Hebbel immer wieder Schillers *Jungfrau von Orléans.* Die

Johanna, meint Hebbel, „schwebt durchaus in der Luft, ihr Tun und Gebaren setzt eine Naivität voraus, die ihr fehlt, und sie macht den Eindruck eines Apfelbaums, der mit Weintrauben behängt ist".[195] Hebbel entwirft dabei ein Gegenbild zu Schillers Johanna, das an die Gestalt der Klara erinnert: „Sie durfte unter keiner Bedingung über sich selbst reflektieren, sie mußte wie eine Nachtwandlerin mit geschlossenen Augen ihre Bahn vollenden."[196] Auch der Klara in ihrer somnambulen Getriebenheit und Wortohnmacht war die Reflexion über ihr Schicksal vom Dichter versagt.

Der Vorwurf, daß im traditionellen bürgerlichen Trauerspiel die Tragik „vor allem aus dem Zusammenstoß des dritten Standes mit dem zweiten und ersten in Liebesaffären zusammengeflickt" sei[197], zielt auf Schillers *Kabale und Liebe*, darüber hinaus jedoch auf jedes sozialrevolutionäre Pathos, das die Tragik nicht „als ein mit dem Leben selbst Gesetztes"[198] sehen will, sondern in gesellschaftlich bedingten Trivialitäten, die nur bewirken können, „daß die Zuschauer am nächsten Tag mit größerer Bereitwilligkeit als sonst ihre Armensteuer bezahlen".[199] Hebbel widerspricht Schiller und bekennt sich zu ihm im gleichen Atemzug. Auch er ist Ideendichter, kein sozialer Realist. Die verschiedenen Versuche, ihn als ahnungsvollen Propheten der proletarischen Revolution in Dienst zu nehmen, sind ziemliche ideologische Gewaltakte.

Hebbels Zeitgenossen haben seine lebenslange kritische Auseinandersetzung mit der Weimarer Klassik als Hochmut und Selbstüberhebung mißverstanden. In einem Spottgedicht von 1849 hieß es:

> Wer spricht noch von Schiller und Goethe?
> Die hat noch der Alte bestellt;
> Ich schaffe, indem ich sie töte
> Mich selber und meine Welt.[200]

Sie übersahen die starke Affinität, die diese Auseinandersetzung bestimmte. Als Hebbel 1857 in Weimar das Schillerhaus besuchte, war er von dem Erlebnis tief erschüttert. „Ich konnte meiner Bewegung kaum Meister werden ... Um das zu begreifen, muß ich mich in meine Jugend zurückversetzen, wo Schiller mir über alles ging."[201] Nicht nur in seinem Lebensschicksal, dem harten Kampf gegen Not und Verkennung, konnte Hebbel sich

Schiller verwandt fühlen, sondern auch in dem schroffen Absolutheitsanspruch seiner philosophischen Theoreme. Der visionäre Sternenblick des menschheitsgläubigen Idealisten war allerdings seine Sache nicht. Wo Schiller schurkische Ränkespiele und Kabalen verkommener Höflinge gegen die Verbrüderung aller Menschen am Werk sieht, macht Hebbel ein metaphysisches Verhängnis sichtbar, angesichts dessen „eigentlich alle recht haben" (T. 2926). Sein Blick in die „Tiefe des Weltmysteriums" (s. o.) verwehrte ihm den utopischen Aufblick. Zu einer allumarmenden Menschheitsverbrüderung im Stil von Schillers *Lied an die Freude* mochte er sich nicht bekennen. Für seine revolutionsseligen Zeitgenossen, die vom „Baum der Menschheit" schwärmten, an dem „die Blüte der Freiheit" unter dem „Sonnenkuß des Völkerlenzes" aufgeht[202], hatte er nur Spott. Sein Blick in die Zukunft war verhangen. „Jubeln kann ich nur, wenn ich an eine spätere Generation denke, die jetzige ist wohl zu schweren Dingen bestimmt", schrieb er angesichts der Märzrevolution 1848 in sein Tagebuch (T. 4372).

4
Sprache und Stil

4.1
Hebbels Philosophie der Form

Hebbel reagierte empfindlich auf literarische Kritik. Er neigte zu langen, theoretisch weit ausholenden Repliken, wie das Beispiel Heiberg zeigte. Das Vorwort zur *Maria Magdalena* war aus Vorsorge gegen Kritik geschrieben: „Es handelt sich ja nur noch darum, ob die Zähne fest sitzen, wenn sie mir die Hand in's Maul stecken, um sie auszuziehen."[203] Mit dem Leipziger Literaturkritiker Julian Schmidt, Herausgeber der Zeitschrift *Grenzboten*, führte er eine Privatfehde.[204]

Schmidt charakterisierte Hebbels Sprachstil als „gekniffene, frostige Sprache der Reflexion".[205] Hebbel hielt sich aber gerade auf seine Dialogsprache etwas zugute, auf ihre Enthaltsamkeit von gefälligen Stilklischees, von „blühender Diktion", „hübschen Bildern, Prachtsentenzen und Beschreibungen und anderen Unterschönheiten, an denen arm zu sein die erste Folge des Reichtums ist".[206] Die Form war ihm „der höchste Inhalt" (T. 1625).

> Alle fragen nur nach dem Was und meinen, wenn ein derbes Knäul von Gedanken gereicht wird, das sei das Rechte; nach dem Wie, worauf es doch allein ankommt, fragt keiner.[207]
>
> Grenzenlos (in bezug auf den Inhalt) und begrenzt (in bezug auf die Form) muß jedes Kunstwerk sein.[208]

Der Aufsatz *Über den Stil des Dramas* (1847) enthält sein sprachstilistisches Glaubensbekenntnis.

> Der Dialog ist leicht! Der Dialog ist schwerfällig! Das ist das Einzige, was die Rezensenten und selbst die besseren, über den Stil des Dramas zu bemerken pflegen. Diese Bemerkungen zeigen ihre Flachheit aber schon durch ihre Allgemeinheit.[209]

„Sprache", so heißt es weiter, „ist das allerwichtigste Element der Poesie". In ihr wirken „der allgemeine Geist eines Volks, dessen Produkt sie ist, und der individuelle" ineinander. Es kommt darauf an, „daß der Geist in der Sprache möglichst vollständig zur Erscheinung gelange". „Das Leben des Geistes" tritt „in doppelter Gestalt, als Denken und Dichten, in der Sprache hervor". Das

Denkvermögen nun sieht Hebbel „in der Bildung reiner Begriffe“, das Dichtungsvermögen dagegen in „symbolischen Anschauungen“ ausgedrückt. Der Begriff löst „in unendlicher Ausbreitung alles ins Allgemeine“ auf, während „die dichterische Anschauung in ebenso unendlicher Vertiefung das Allgemeine im Besonderen aufdeckt“. Dichtung „hat es mit dem Leben zu tun und ist dessen Spitze“. Der „poetische Stil ist, dem Grundelemente nach, ein sinnlicher“, sein Wesen liegt in der „Bildlichkeit“.

„Das Drama ist die höchste Form der Poesie“. Das Gesetz des Dramas liegt darin, „das Leben in seiner Unmittelbarkeit“ zur Anschauung zu bringen, es soll „eine Welt sein, keine Uhr“. In der Sprachform des Dramas kommt zum Ausdruck, ob es „Darstellung“ ist, also Verkörperung der „Sache selbst“, oder Bericht über die Sache, damit Pseudodichtung. „Die Darstellung gibt den Werdeprozeß in seiner ganzen Tiefe“, der Bericht dagegen „ist das Fertige“. Die dichterische Darstellung hat etwas Prozeßhaftes, sie „begleitet alles von der Wurzel bis zum Gipfelpunkt, die Menschen, ihre Neigungen und Leidenschaften“, der Bericht (bei Hebbel: „die Relation“) dagegen „zieht ein Resultat“. Der „dramatische Relationenstil“ muß, weil er keine Entwicklungen, damit „keine Fülle“ zu bieten hat, den Text „mit allerlei überflüssigen Schnörkeln“ auffüllen, er wird phrasenhaft. In der dichterischen Darstellung dagegen geht es um „Vergegenwärtigung der Zustände in ihrer organischen Gesamtheit“; sie duldet keine Phrasen.

Am Schluß des Aufsatzes steht ein Bekenntnis Hebbels zu seinem individuellen Sprachstil mit allen seinen Ecken und Kanten, seiner oft ungefügen oder verschachtelten Syntax und dem bewußten Mangel an Glätte. Er rechtfertigt ihn als Mittel expressiver Charakterisierung:

> Rauhigkeit des Versbaus, Verwicklung und Verworrenheit des Periodengefüges, Widerspruch der Bilder erheben zu wirksamen und unumgänglichen Darstellungsmitteln, wenn sie auch dem oberflächlichen Blick, der nicht erkennt, daß auch das Ringen um Ausdruck Ausdruck ist, als Ungeschicklichkeiten und Schwerfälligkeiten erscheinen mögen.[210]

4.2
Stilmittel und Struktur

Die Sprachform der *Maria Magdalena* ist, im Gegensatz zu den Versdramen Hebbels, meistens „naturalistisch nüchtern, nur gelegentlich grell ausbrechend".[211] Sie hat aber einen besonderen Bestand an auffälligen und aussagekräftigen Stilmitteln.

Die Diktion des Dramas hat Joachim Müller untersucht, indem er das Augenmerk auf strukturbildende Elemente lenkte.[212] Die Sentenzenhaftigkeit der Sprache, ihre eigenwillige Metaphorik und tiefgründige Symbolik gehen weit hinaus über Hebbels im Vorwort erklärte Absicht, die Alltagssprache der Bürger in das Trauerspiel einzuführen. Seine Dialoge sind alles andere als umgangssprachlich reduziert, auch dann nicht, wenn man den gemächlicheren, durch biblische Anspielungen beziehungsreichen Sprachstil des Biedermeiers in Rechnung stellt; sie sind oft vieldeutig und hintergründig. Das besonders häufige Mittel des Verstummens im Satz z. B., die Aposiopese, enthüllt an vielen Stellen eine besondere moralische oder psychologische Problematik. „An den Grenzen der moralischen Vereinbarungen stockt die Rede, krümmt sich um das Problem herum oder erschrickt vor dem Wort, das sich herausdrängen will, und verstummt."[213]

Die folgende Zusammenstellung von Belegstellen über sprachformale Besonderheiten in *Maria Magdalena* soll nicht als rhetorischer Figurenkatalog verstanden werden, sondern als Anregung zum Weitersuchen.

4.2.1
Antithetik

I.1:

> Mein Brautkleid ist's nicht mehr; es ist nun mein Leichenkleid. (37)

Eine simple Antithese in chiastischer Anordnung (A B B A), aber ein ganzes Geflecht von thematischen Kontrasten wird sichtbar: Krankheit – Genesung, Leben – Tod, himmlische – irdische Hochzeit, Fleckenlosigkeit – Sünde, Licht – Dunkel. Eine numinose Botschaft ergeht von der Doppelsymbolik des Brautkleides an beide Frauen, aber nur Klara entschlüsselt ahnungsvoll ihren Sinn. Die Mutter geht ahnungslos in ihrem Hochzeitskleid, sogar mit einem „Brautstrauß" in der Hand, ihrem Tod entgegen.

II.2:

> Alles lebt, alles will leben, tausend Kranke zittern in dieser Stunde vor dir, o Tod, wer dich in der beklommenen Nacht noch rief, weil er seine Schmerzen nicht mehr ertragen konnte, der findet sein Lager jetzt wieder sanft und weich, ich rufe dich! (67)

Zunächst eine aufgipfelnde Reihung von Ausdrücken des Lebenswillens und der Todesangst, rhetorisch kunstvoll formuliert (Diapher als Auftakt, Enallage: „beklommene Nacht"), also gar nicht naturalistisch-naiv, im Sprachrhythmus flatterhaft, zitternde Angst ausdrückend – und dann, dagegen gesetzt, hämmernd lapidar, herrisch und fordernd nur drei Worte: „Ich rufe dich!"

Die heroische Ausnahmestellung des tragischen Menschen ist sprachlich realisiert. Klara protestiert mit ihrem Todesruf gegen den blinden Willen der Welt. Alle Kreatur läßt sich treiben und drängen von ihren Instinkten, sie dagegen vollzieht eine freie, bewußte Willensentscheidung.

I.1:
Eine ähnliche Aufgipfelung:

> Der Tod ist schrecklicher, als man glaubt, oh, er ist bitter! Er *verdüstert* die Welt, er *bläst all die Lichter, eins nach dem andern, aus,* die so bunt und lustig um uns her scheinen, die freundlichen Augen des Mannes und der Kinder *hören zu leuchten auf,* und es wird *finster* allenthalben, *aber* im Herzen *zündet er ein Licht an, da wird's hell.* (37 f.)

Der Hell-Dunkel-Kontrast widerspiegelt den Gegensatz von beklemmender Angst und visionärer Klarheit im Zustand der Agonie. Der Ausdruck verfinsternder Todesangst steigert sich in einer langen Kette von synonymen Ausdrücken für das Erlöschen der Lichter, die erlösende Antithese ist auf drei Worte verknappt: „da wird's hell".

I.5:

> Früher glaubte die dumme Welt, der *Vater* sei dazu da, um den *Sohn* zu *erziehen. Umgekehrt,* der *Sohn* soll dem *Vater die letzte Politur geben.* (49)

Wieder ein Chiasmus: „Vater-Sohn/Sohn-Vater". Das Verb „erziehen" wird durch einen metaphorischen Ausdruck aus der Handwerkerpraxis des Tischlers ironisch verfremdet. Die sarkastische Stilfigur widerspiegelt Antons Verbitterung.

III.11:

> Meister Anton: *Sie hat* mir nichts erspart – man hat's gesehen.
> Sekretär: *Sie hat* getan, was sie konnte – Er war's nicht wert, daß ihre Tat gelang! (94)

Eine scharf antithetische Replik, in die Friedrich die ganze Wucht seiner moralischen Anklage hineinlegt. Die Formulierungen laufen genau parallel, vom Perfekt bis zur Parenthese, aber das wehleidige „mir" wird durch das harte Anredepronomen „Er" zurückgewiesen. Antons Gefühlsegoismus wird schonungslos entlarvt.

4.2.2 Metaphorik

II.1:

> Mein Schlaf hat den Gaukler verabschiedet und einen Propheten in Dienst genommen, der zeigt mir mit seinem Blutfinger häßliche Dinge. (64)

Hebbel hielt nichts von der Allegorie. Er bezeichnete sie als „Ebbe des Verstandes" (T. 197). Das überrascht, da seine Sprache, wenn auch nicht im strengen Sinne von allegorischer, so doch von metonymischer und metaphorischer Bildlichkeit oft geradezu überhäuft wirkt. Die simple Aussage Meister Antons, daß er Wahrträume habe, kleidet sich in ein orakelhaft düsteres Sprachgewand.

Und doch wirkt die Überhäufung nicht manieriert. Hebbels Pathos ist nach Marie Luise Gansberg[214] immer „rational gebändigt". Die düstere Bildlichkeit ist bewußt gewählt, sie hat eine szenische Funktion. Klara muß und soll durch Antons Rede nicht nur eingeschüchtert, sondern von Todesschrecken erfaßt werden. Gleich darauf folgt der Selbstmordschwur des Vaters, er werde sich mit dem Rasiermesser die Kehle durchschneiden, eine makabre Steigerung der Metaphorik des „Blutfingers".

III.8:

> Er möchte seine Faust zumachen und hineinkriechen, ich möchte meine Haut abstreifen wie den Kleinkinderrock. (89)

In knapper antithetischer Formulierung („Er möchte ... ich möchte“) kommt der charakterliche Gegensatz von Vater und Sohn bildkräftig zum Ausdruck. Kontraktion und Expansion, Enge und Weite, Selbstbeschränkung und Selbstbefreiung stehen sich in dieser Bildformel unvermittelbar gegenüber. Das Freiheitssymbol des auslaufenden Segelschiffes, das sich unmittelbar anschließt, liefert den Liedrefrain dazu.

Auch für diesen knapperen Typus der Metaphorik liefert das Stück zahlreiche Belege.

4.2.3
Gestik

a) das Schwören

I.7:
„Faß die Hand der Toten und schwöre mir, daß du bist, was du sein sollst!“ (61)

II.1:
„...dann, das schwöre ich dir, rasier ich den ganzen Kerl weg.“ (67)
„Halte du deinen Schwur, damit ich den meinigen nicht zu halten brauche.“ (ebd.)

III.2:
„Er hat's geschworen!“ (79)
„Er hat's geschworen – heirate mich!“ (ebd.)
„Kannst du schwören, daß du mich liebst?“ (ebd.)
„Oh, ich glaub's gern, daß du nicht begreifst, wie irgendeiner in der Welt seinen Schwur halten sollte.“ (81)

Die einzige, die ihren Schwur hält, ist Klara; sie löst ihn mit ihrem Leben ein.

Die Gestik des Schwörens offenbart die tragische Gebundenheit Klaras. Der ihr abgepreßte Eid engt sie auf zwei Möglichkeiten ein: eine verhaßte Ehe oder den Tod. Der Eid des Vaters ist kein Eid, sondern eine Erpressung. Der Sinn des Schwörens wird pervertiert: Was Selbstbindung des Gewissens sein sollte, wird als Gewissenszwang mißbraucht.

Die Konsequenz ist, daß ein Mensch „aus der Welt herausgedrängt wird“.[215]

b) der gezogene Hut

I.5:

„Ist's einem alten Mann erlaubt, sein Haupt zu bedecken?“ (47)

I.7:

„Warum behält Er seinen Hut nicht auf?“ (58)

II.3:

„... auch mußten sie bescheiden den Hut abziehen, wenn der Wirt ihnen den Trunk reichte.“ (70)

Im Ritual des Hutabziehens spiegelt sich die Ständegesellschaft. Im konventionellen Gestenspiel offenbart sich die Gebundenheit Antons. Er besteht auf strenger Befolgung der Regel, die Regel wird zur Falle, in der er sich verfängt. Der Gerichtsdiener, im obsoleten Sozialbewußtsein des Handwerksmeisters ein Mann unehrlichen Standes, hat die Demutsgebärde zu leisten, die wiederum der Handwerker dem Vertreter der Obrigkeit zu erweisen hat. Nur das höhere Lebensalter gewährt Dispens von der Regel. Als nun der Gerichtsdiener Adam als Vertreter der Obrigkeit in amtlichem Auftrag bei Anton eindringt, behält er demonstrativ seinen Hut auf dem Kopf (58). Den höhnischen Triumph seines Feindes kann Anton nicht mehr verwinden. Es offenbart sich „die schroffe Geschlossenheit, womit die aller Dialektik unfähigen Individuen in dem beschränktesten Kreis gegenüberstehen“. (Vorwort, 26)

4.2.4 Vorausdeutungen

I.6:

„Ich warf meine Blumen hinein und sprach: nun ist's besetzt!“ (57)

II.6:

„Drei Brunnen triffst du auf dem Weg zu ihm – Daß du mir an keinem stehenbleibst!“ (77)

III.7:

„(stößt aus Versehen sein Trinkglas vom Tisch) Soll ich nicht wieder trinken?“ (86)

Dreimal kündigt sich ein naher Tod in Gestik und Sprache an. In der Gestik der Mutter offenbart sich ein eigentümlicher Seelenzwiespalt. In ihren Reden drückt sie inständigen Lebenswillen aus, in ihrem Handeln Todeszugewandtheit (s. I,1; I,3). Mit ihrem Blumenstrauß, der ihr teuer ist, weil sie ihn für ein Geschenk ihres geliebten Sohnes Karl hält, hinterläßt sie ein Zeichen der Besitzergreifung in einem offenen Grab, eine zwanghafte Symbolhandlung, mit der sie dem in ihrer Krankheit vernommenen Todesruf folgt.

Klaras Todeszugewandtheit ist bewußter, klarer. Die drei Brunnen auf dem Weg zu dem ungeliebten Mann sind nicht drei Gefahren, sondern Verlockungen für sie, denen sie noch widerstehen muß. Ihr Wunsch greift der Tat vor. Der Brunnen, Symbol der weiblichen Lebens- und Arbeitssphäre, Stätten der Liebesbegegnung und der Jenseitsfahrt des Volksmärchens (Frau Holle), wird für sie zu einer Verheißung der Erlösung.

Leonhard dagegen antizipiert seinen Tod in einem „Versehen". Im „Trinken" symbolisiert sich ihm der Genuß des Lebens. Seine wehleidige Frage und die Zeichenhaftigkeit seines Abgangs sind unheroisch trivial wie sein Leben.

Weitere Antizipationen des nahen Todes finden sich auf S. 37, Z. 6: „... als ob's zu heut gemacht wäre." S. 41, Z. 28: „Dreimal träumt' ich, sie läge im Sarg." S. 41, Z. 37 f.: „(Erschrocken zusammenfahrend) Der Totengräber!" S. 56, Z. 6 ff: „... ich will nicht verlangen, daß du mir die Augen zudrücken sollst, ... ich will's für dich übernehmen."

Die Liedzeile „... wär' gern hineingesprungen" (91, Z. 12) ist nicht nur eine Vorausdeutung auf Klaras Sprung in den Brunnen, sie steht in ihrem frisch-fröhlichen Ton auch in einem schneidenden tragisch-ironischen Kontrast zur Hintergrundsituation.

4.2.5 Verschweigung (Aposiopese)

I.7:
„Wer weiß, ob die Tochter nicht –" (59)
„Kannst nicht? Kannst nicht? Was ist das? Bist du – ?" (60)

II.1:
„Vergib mir, ich – " (62)

III.11:
„Warum sollt' ich sie denn – " (93)

Auch mit der Figur des Verstummens wird Schicksalhaftigkeit enthüllt. Sie ist charakteristisch für Anton, „Ausdruck des fassungslosen, des erschrockenen und entsetzten Innehaltens".[216] Er vollendet seine Fragen nicht, weil er sich vor der Antwort fürchtet, ja seine geradezu abergläubische Furcht, das Verhängnis auszusprechen, ist ein verzweifelter Versuch, es abzuwenden, eine apotropäische Gebärde.

4.2.6
Das Beiseitesprechen

I.2:
„Karl (für sich): Hier im Hause glauben sie von mir ja doch immer das Schlimmste." (39)

I.3:
„Klara (nickt; dann beiseite): Ich wollt', es wäre so!" (41)

I.5:
„Leonhard (beiseite): Also doch weg! Nun, so brauch ich mir von dem alten Werwolf auch nichts gefallen zu lassen." (53)

Diese Sprachfigur ist ein Problem für den Theaterregisseur. Wie soll der Schauspieler glaubhaft machen, daß seine inneren Monologe von den Zuschauern gehört werden, nicht aber von den Mitspielern? Eine neuere Inszenierung half sich damit, daß sie diese Partien über Lautsprecher laufen ließ. Dabei ist die Abwendung an das Publikum ein uraltes, bei Brecht unter der Bezeichnung V-Effekt wieder modern gewordenes szenisches Mittel. Das romantische Drama trieb damit sein ironisches Spiel. (Z. B. Tieck, *Der gestiefelte Kater*: „(gegen das Parterre): Publikum, soll mich dein Urteil einigermaßen belehren, zeig erst, daß du mich einigermaßen verstehst.")

Bei Hebbel offenbart sich darin die monologische Beziehungslosigkeit der Personen zueinander. Sie reden miteinander, aber ihre Gedanken widersprechen ihrer Rede. Im beiseite gesprochenen Monolog enthüllen sie ihren Dialog als Lüge. So machen sie den Zuschauer zum Eingeweihten von Verwicklungen, gegenüber denen die Handelnden blind bleiben. Auch dieses Mittel dient Hebbel zur Darstellung seiner tragischen Idee.

5
Der Versuch einer Kontrafaktur

Nestroys Travestie der *Maria Magdalena*, *Der Unbedeutende, Posse mit Gesang und Tanz*, wurde bereits im vormärzlichen Wien gespielt[217], als der Gegenstand ihres Spottes, das Trauerspiel Hebbels, noch auf dem Index der Metternichschen Zensurbehörde stand.[218]

1972 erschien eine moderne Travestie:

Maria Magdalena, Komödie in drei Akten frei nach Friedrich Hebbel von Franz Xaver Kroetz.[219]

Die Intention der Umarbeitung von Kroetz geht allerdings über das Parodistische hinaus.

> Ich dachte mir, der Hebbel schreibt über Menschen, die ununterbrochen lügen, die Geld meinen und Moral sagen. Ich hatte beim Lesen den unangenehmen Eindruck, daß der Hebbel sich selbst was in die Tasche gelogen hat ... In meinem Stück gibt es nichts, was nicht käuflich ist – auch die Gefühle, keinen Kuß, kein Streicheln.[220]

Kroetz, noch ganz im Bann der Brechtschen Dramaturgie, will den kathartischen Mitleidseffekt durch den Gestus des Zeigens und Aufzeigens ersetzen, er will enthüllen und demaskieren. Hinter der Irrealität des tragischen Bewußtseins soll die Realität des sozialen Seins sichtbar werden.

> Ich will meinen Stücken die Durchschaubarkeit von Machtverhältnissen mit auf den Weg geben.[221]

Zu diesem Zweck hat Kroetz das Trauerspiel Hebbels in ein sozialkritisches Milieustück umgearbeitet. Sein Inhalt hält sich eng an die Vorlage, seine Tendenz aber steht zu ihr in scharfem Kontrast. Nach dem „Prinzip der Umkehrung" (Kurscheid S. 409) wird Hebbels pantragisches Weltbild auf ein Zerrbild bundesbürgerlicher Kleingeistigkeit reduziert. Die Personen tragen nicht mehr die geringsten Züge tragischer Größe; sie sind platte Gesinnungsmaterialisten, von dumpfer Gemütsart, mißtrauisch, lieblos und verlogen. Die bedeutsame Dialogsprache Hebbels ist umformuliert in einen Vulgärjargon aus depraviertem schwäbisch-bayrischem Dialekt, falschem Deutsch, hohlen Zeitungsphrasen und Wortkalauern.

Immer die Sexualität muß herhalten, wenn dir nix mehr einfällt und sich andere Leut die wahren Genüsse hingeben. (106)
Es is eine Frage der Zeit, das Lebn. Das is wissenschaftlich. (103)
Mein Bub hat einen Einbruch verbrochen und is im Gefängnis verfangen. (117)

Mit derart derbkomischen Mitteln zeichnet Kroetz eine Welt der inneren Leere und Trostlosigkeit. Seine Umformung des Trauerspiels in eine sozialrealistische Komödie will Hebbels tragisches Weltgesetz von seiner spiritualistischen Höhe in die Diesseitigkeit sozialökonomischer Weltzustände herabholen. Kroetz sieht in den menschlichen Verhältnissen keine Tragik walten, sondern durchschaubare und veränderbare „Druckverhältnisse" und „Angstverhältnisse".[222] Hebbels metaphysisches Ideendrama wird so ins Immanent-Soziologische umgeschrieben, sein tragischer Dualismus erscheint als marxistische Dialektik von Sein und Bewußtsein. Diese Umkehrung ist eher eine ironische Kontrafaktur[223] als eine Travestie. Wie man im Mittelalter Minnelieder in Kirchenlieder umdichtete, übersetzt Kroetz Hebbels Weltidee in eine Ideologie.

Das Verfahren ist durchsichtig. Personennamen, Schauplatz und Thematik werden ins Moderne aktualisiert. Meister Anton und die Mutter heißen jetzt einfach „Papa" und „Mama". Aus Klara ist in Anlehnung an den Dramentitel „Marie" geworden, eine ungebärdig motzende Jeanstype. Leonhard, jetzt Anwärter der höheren Beamtenlaufbahn, wird abgekürzt zu „Leo", der Sekretär, Sohn eines reichen Hutfabrikanten, bekommt den Namen Peter. Aus dem Kaufmann Wolfram wird der „Juvelier" (sic) Huber. Karl, von seiner Mutter zärtlich „Karli" genannt, behält seinen Namen, ist aber kein Handwerksgeselle mehr, sondern ein durchtriebener Provinzvertreter für Trumpf-Schokolade. „Papa", ein gelernter Schuhmacher, kein Tischlermeister, schlägt sich mehr schlecht als recht in einem „unnormal kleinen" Schuhladen durch. Die naiv frömmelnde „Mama" ist eine wehleidige Kaffeetante, die sich selbstmitleidig über ihre Krankengeschichte ausweint.

Karl gerät, wie bei Hebbel, zu Unrecht in Diebstahlsverdacht und wird verhaftet. „Mama" läßt, als sie es erfährt, „die Kaffeekanne fallen und ist tot." (118) Leo kündigt darauf die Verlobung mit Marie auf. „Papa" hat die Mitgift seiner Frau zunächst an einen alten Kriegs- und Nazikumpan, dann an seinen ehemaligen Lehrherrn ausgeliehen und verloren. Marie erwartet ein Kind von Leo, liebt aber den Peter. Der Schauplatz ist Augsburg.

Die entscheidende Abweichung von der Vorlage liegt im Schluß. Marie droht den Männern ihren Selbstmord an, denkt aber gar nicht daran, ihn auszuführen. Peter hat Leo vergeblich gedrängt, Marie wenigstens für eine gewisse Anstandsfrist zur Frau zu nehmen, um sie dann nach einer Scheidung an ihn abzutreten. „Eine Frau mit einem ledigen Kind ist Scheiße. Lieber schuldlos geschieden, das erweckt Vertrauen." (137) In einem mit „Duell" überschriebenen Streitgespräch (Variation des Pistolenduells bei Hebbel) versuchen Leo und Peter sich gegenseitig mit den politischen Beziehungen ihrer Väter zu übertrumpfen. Leo siegt hier durch die Nennung eines Regierungsrats als Schwiegervater in spe.

Formal macht Kroetz Anleihen beim epischen Theater. Die Szenen sind durchnumeriert und haben ironisierende Zwischentitel: „Prinz Leo" für den Verlobungsantrag, „Schäferstündchen" für die Haussuchung, „Suppenkaspar" für die Selbstmorddrohung des Vaters beim Abendbrot. Der Dialog ist in Kurzzeilen leicht rhythmisiert:

> Es is zum Verstehn.
> Er will
> sagt er nicht
> die Mutter von einem
> fremden Kind
> heiraten. (141)

Die Wahl des Schauplatzes Augsburg zeigt eine politisch-polemische Absicht. Die Stadt wird als ein sozial muffiges, von einer konservativ-klerikalen Oberschicht dominiertes Provinznest stigmatisiert. Hier kann man kein uneheliches Kind zur Welt bringen wie etwa in Hamburg. „Hier in Augsburg herrschn andere Gesetze." (101) Manche politische Aktualisierungen sind wegen ihrer Kurzlebigkeit schon wieder veraltet: „...ich träum, daß du ein Mitglied der Baader-Meinhof-Bande bist und mit die Bomben umeinander schmeißt." (121)

Als eine Art Epilog setzt Kroetz ein Diktum Hebbels an den Schluß seines Stückes:

Mich selbst
erschüttert
diese Klara
gewaltig
wie sie aus der Welt
herausgedrängt
wird.[224]

Andererseits hält er Mitleid für „ein unpolitisches Gefühl".[225] Was ihn gleichwohl erschüttert und den Zuschauer erschüttern soll, ist nicht das individuelle Schicksal Klaras, sondern der Sozialzustand, der es heraufgeführt hat. Bei Kroetz stirbt die Heldin nicht, aber sie gerät in eine todesähnliche soziale Vereinsamung. Sie ist am Schluß nur noch ein weggeworfenes Sexualobjekt ohne finanzielle Verwertbarkeit auf dem bürgerlichen Heiratsmarkt.

Die sprachlichen Primitivismen des Stückes sind ein bewußt gesetztes Stilmittel, das den Zynismus und die Brutalität der kleinbürgerlichen Geschäftswelt bloßstellen soll. Die Dialektanklänge erinnern an die Ingolstädter Volksstücke von Marie Luise Fleißer.

Die Gattungsbezeichnung „Komödie" hat einen Unterton von tragischer Ironie. Dennoch erscheint Kurscheids Charakterisierung des Stückes als „verhinderte Tragödie"[226] überzogen. Seine groben, klamaukhaften Züge vereiteln die sozialkritische Absicht. Was ironisch distanzierend wirken sollte, diente nach Rezensentenberichten von der Uraufführung[227] den Zuschauern nur zum dröhnenden Amüsement. Die durch das Stück grassierende Fäkalsprache ist nicht geeignet, Nachdenklichkeit und Betroffenheit zu erzeugen. Die Transponierung des Stoffes aus der späten Handwerkskultur in die Industriegesellschaft ist ein interessantes Experiment; wenn aber ein Qualitätsvergleich erlaubt ist, so kann er nach Karl Reinhardt „nur der alten Tragödie zum Ruhm gereichen".[228]

Unterrichtshilfen

1
Didaktische Aspekte

> ... so ein komisches Stück, in dem eine unselbständige Tochter ihres Vaters wegen bei Mondschein in den Brunnen springt, und dann noch so etwas wie ein Mühlstein um den Hals und ein geldgieriger Verführer und die Mutter, die im Hochzeitskleid herumtanzt und – ja, da war doch noch ein Diebstahl.
> (Erinnerungsfetzen von Schülerinnen, die *Maria Magdalena* in Klasse 9 gelesen hatten, zitiert bei Birgit Fenner[229].)

Das kann bei verfrühter Hebbel-Lektüre herauskommen. Auf einem Vortrag auf der Jahrestagung der Hebbel-Gesellschaft 1986 hat Birgit Fenner berichtet, wie es ihr gelungen ist, ihre derartig „vorgebildeten" Schülerinnen auf der Oberstufe trotzdem noch für Hebbel zu gewinnen. Leider hat sie dabei wegen der oben dargestellten Vorbelastung die *Maria Magdalena* ausgelassen. Trotzdem möchte ich Birgit Fenners lebendig geschriebenen und unterrichtsmethodisch interessanten Erfahrungsbericht[230] für jede didaktische Vorbereitung auf die Hebbel-Lektüre empfehlen.

Didaktisches Ungeschick versperrt oft nicht nur den momentanen Zugang zu einer Dichtung, sie kann auch den Geschmack daran für immer verderben. Solch ein Ungeschick ist im Falle *Maria Magdalena* sicher die Überbetonung der gesellschaftskritischen Perspektive. Die Unterrichtserfahrung zeigt, daß gerade Klassiker, wenn sie nur als sozialgeschichtliche Quellentexte behandelt werden, zwar nicht langweilig sind, aber langweilig gemacht werden.

Die Thematik der *Maria Magdalena* liegt, wenn man sie richtig aufschlüsselt, der Lebensproblematik junger Menschen auch heute noch nahe. Lehrer stellen mit Überraschung fest, daß Schüler von Wedekinds verstaubtem Aufklärungsstück *Frühlings Erwachen* immer noch angerührt sind. Für ihre eigenen ersten Sexualerfahrungen, Elternkonflikte, für die ganze, mit beunruhigenden Träumen und Ängsten belastete Reifezeit finden sie darin offenbar ein immer noch gültiges literarisches Modell. Die *Maria Magdalena* wäre ein weitaus besseres.

Der jugendliche Leser will von seiner Lektüre existentiell betroffen sein. Der Unterricht will ihn zum reflektierenden Lesen hinführen. Dazu gehört gerade bei Texten der älteren literarischen Tradition, wie wir wissen, viel Behutsamkeit und methodische Phantasie.

Vor dem unmittelbaren Verstehen Hebbels stehen zwei Schranken: seine schwierige Sprache und das historisch fremde Milieu. Vom Lehrer wird hier viel kommentierende und hermeneutische Hilfestellung erwartet.

Am ehesten vermag die jugendliche Radikalität der Klara unmittelbar zu überzeugen. Sie ist u. U. eine ähnliche Identifikationsfigur wie die Antigone von Anouilh mit ihrem moralischen Rigorismus. Als „unselbständige Tochter" (s.o.) wäre sie völlig mißverstanden. In ihrer sozialen Einsamkeit, ihrer „Herausgedrängtheit" mögen Schülerinnen und Schüler eigene Sozialerfahrungen widergespiegelt sehen. Erfahrungen wie die, daß eigentlich „alle recht haben", daß keiner sich dem andern verständlich machen kann, daß man am Ende „die Welt nicht mehr versteht", wiederholen sich, wenn auch auf trivialer Ebene, in der modernen Kleinfamilie. Die dramatische Situation des Stückes kann nacherlebbar gemacht werden, auch ohne billige Aktualisierungen.

Erst wenn die Dichtung dem Schüler zum „Erlebnis" geworden ist, wird er bereit sein zu vertiefender Betrachtung. Mit interessierten Oberstufenkursen kann man auch zu wissenschaftspropädeutischen Arbeitsformen vordringen, zu kontroversen Interpretationen, zur Methodenreflexion, zu wissenschaftlichen Positionen, zu literaturhistorischen und literatursoziologischen Einordnungen. In einem Leistungskurs sind auch historische Längsschnitte durch das bürgerliche Trauerspiel, die Thematik der ledigen Kindsmutter und die dramaturgischen Theorien von Schiller über Hebbel bis Brecht denkbar. Kurz, am Modell Hebbel kann der interessierte Schüler erfahren, was Literaturwissenschaft will und leistet. Es ist dafür besonders geeignet, weil das Werk überschaubar, die Biographie des Dichters bewegend und die wissenschaftliche Diskussion interessant ist.

2
Didaktisch-methodische Literatur

Hilmar Grundmann[231] und Birgit Fenner[232] vertreten mit ihren unterschiedlichen Konzepten zur Hebbel-Lektüre zwei Grundsatzpositionen der Klassikerlektüre: die pragmatisch soziologische und die literaturkundliche. Unter dem Begriff „identitätsfördernder Unterricht" propagiert Grundmann die Aktualisierung des Stoffes. An Hebbel lasse sich demonstrieren, „wie evident die Beziehung eines literarischen Werkes" zu seinem „historisch-soziologischen Hintergrund sein kann".[233] Mit „Identitätsförderung" meint Grundmann offenbar in erster Linie die Beschäftigung mit der gesellschafts- und ideologiekritischen Dimension eines Stückes, durch die Schüler fähig werden, ihre eigene soziale und politische Position geistesgeschichtlich einzuordnen.

Grundmann geht von der treffenden Beobachtung aus, daß Schüler von sich aus dazu neigen, die Situation eines Stückes zu aktualisieren. An *Maria Magdalena* sind es die Selbstmordproblematik, gesellschaftliche Zwänge und die Eltern-Kind-Beziehung, die den Schüler zur Auseinandersetzung reizen. Der Lehrer bezieht dieses spontane Interesse in seine Unterrichtsplanung ein, die er im übrigen mit den Schülern diskutiert. Der Sinn der Lektüre liegt im Rückbezug des historischen Textes auf die Probleme der Gegenwart.

> Den größten Gewinn sehe ich darin, daß es gelungen ist, mit Hilfe eines vor etwa 100 Jahren geschriebenen Stückes die Schüler zu veranlassen, mit kritischen Fragen die gegenwärtigen Verhältnisse zu prüfen und über sie zu reflektieren. (H.Jb. 1978, S. 209)

Die Gefahr dieses Prinzips, die Grundmann sicher selbst erkennt, ist das Abgleiten in eine platt aktualisierende Hinterfragungsmethode, die heute in vielen Fällen den Deutschunterricht zu einem Hilfsfach für Sozialkunde und Trivialethik gemacht hat.
Birgit Fenner befürchtet,

> daß das identitätsfördernde Wirkungspotential zu einem Knebel werden kann, mit dem das Interesse an Literatur abgewürgt werden könnte, wenn nicht gleichzeitig zugelassen wird, daß Literatur auch im Unterricht mehr sein sollte als Mittel zum Zweck.[234]

Sie hat offenbar keine Einwände gegen Aktualisierung im Sinne persönlicher Betroffenheit der Schüler. Sie berichtet von einer Schülerin, die von der Gestalt der Judith so angerührt war, daß sie den Eindruck hatte, der Dichter habe „ihre eigenen Probleme gestaltet".[235]

Eine solche Identifikation erscheint Fenner jedoch erst möglich nach intensiver Auseinandersetzung mit dem Text in möglichst allen seinen Dimensionen. „Wir müssen uns sowohl auf die Schüler als auch auf Hebbel einlassen."[236] Dafür sind ihr nicht nur soziologische, sondern auch stil- und epochengeschichtliche Koordinaten wesentlich (Die Judithlektüre leitete sie mit Darstellungen der Judith in verschiedenen Epochen der bildenden Kunst ein, mit Botticelli, Mantegna, Donatello u.a.). Auch die Wirkungsgeschichte und das Weiterleben des Dichters eignet sich als Einstieg, z.B. Benns Gedicht *Der junge Hebbel.* Auf jeden Fall müsse man sich bewußt machen, „daß ein Drama Hebbels zunächst einmal eine Welt für sich ist, die so einfach nicht zu verstehen ist".[237] Für diese Welt gilt es die Schüler zu gewinnen. Dabei kann es allerdings passieren, „daß man nicht einmal mehr Zeit dazu hat, die geforderte gesellschaftskritische Perspektive aufzubauen".[238] Birgit Fenner scheint darin aber keinen erheblichen Verlust zu sehen – mit Recht.

3
Unterrichtssequenz

Der Einstieg ins Thema ist schon entscheidend für den Unterrichtserfolg. Für einen unvermittelten Einsatz der Lektüre (Verteilen der Texte, Lesen mit verteilten Rollen) ist der Stoff zu sperrig. Die biedermeierliche Antiquiertheit des Sprachtons („Dein Hochzeitskleid? Ei, wie es dir steht!") befremdet zunächst.

Ein vorbereitender Lehrervortrag aber ist unergiebig. Ein Kommentar ohne Text hängt in der Luft. Einen Interesseanreiz könnte der Brief der Schauspielerin Auguste Stich-Crelinger[239] bieten, in dem sie die Darstellung einer Schwangeren auf der Bühne als unzumutbar bezeichnet. Mit diesem Ausschnitt aus der Rezeptionsgeschichte wären zwei erste Unterrichtsziele erreichbar: die Einführung in die Thematik des Dramas und die Bewußtmachung seines sozialgeschichtlichen Hintergrundes. Auch eine Problemdiskussion über den Wandel von Moralvorstellungen wäre denkbar. Das Befremden darüber, worüber man früher befremdet war, könnte Neugier auf das Stück erwecken.

Im übrigen verlangt die Arbeit an dem Stück vom Schüler häusliche Präparation. Mit der Aufgabenstellung sollte der Lehrer allerdings Begriffserläuterungen und Sachkommentare mitliefern wie Vokabelhilfen bei einem fremdsprachlichen Text. Man sollte den Schülern aber nicht alles vorkauen. Die Verständnisbarrieren, die noch übrig bleiben, können im Unterrichtsgespräch weggeräumt werden. Die Abschnittsgrenzen für die Präparation müssen nicht die Aktschlüsse sein. Voraus- und zurückbeziehendes Lesen sollte systematisch geübt werden.

Das anschließende Unterrichtskonzept will als Vorschlag verstanden werden, nicht als Vorschrift.

Doppelstunden	1	2	3	4	5
Didaktischer Aspekt	Die Interdependenz von sozialer Rolle und Personencharakter	Tragische Unausweichlickeit und moralische Freiheit – der Aufweis einer Antinomie	Dramenablauf und dramatische Steigerung	Die Darstellung der Tragik in Sprache und Gestik	Der Begriff des „bürgerlichen Trauerspiels“
Unterrichtsthemen	– Meister Anton als Hausvater (bes. in bezug auf I.5–6) – Die familiäre Situation im Hause Antons vor und nach I.7	– Die soziale Situation der unehelichen Mutter zur Zeit Hebbels und heute – Die Problematik von Normen, Konventionen und gesellschaftlichen Zwängen – Die Gewissensnot Klaras (s. bes. I.3; I.7; II.1; III.4)	– Die Vorgeschichte der Dramenhandlung – Verdeckte Handlungen zwischen den Akten und Szenen – Die Enthüllung der tragischen Situation Klaras im Verlauf des 1. Aktes – Die Gestaltung des Dramenschlusses	– Die beiden Schwüre (I.7, S. 61; II.1, S. 65) und ihre tragische Konsequenz – I.1–3: Sprache und Verhalten Klaras in Dialog und Monolog – Klaras Gebete und Stoßseufzer (sammeln, ordnen, interpretieren) – Die Metapher vom unfruchtbaren Baum (I.5, S. 50 f.)	– „Vorwort zur *Maria Magdalena*“ und *Ein Wort über das Drama* (Vergleichende Interpretation) – „Das innre Labyrinth“ und das „Äußre der Welt“: Das Widmungsgedicht an Christian VIII. und seine Beziehung zum Drama
Methodische Anregungen	– evtl. Einstieg: Hebbels Briefwechsel mit Auguste Stich-Crelinger (Mat. 5–7) Themen für Schülerreferate: – Handwerkerstand und Handwerkstradition im 18. und 19. Jh. – Die Bedeutung des „Ganzen Hauses“ in der Handwerksgesellschaft	– Lehrervortrag: Der bürgerliche Ehrbegriff: Ursprünge, Wandlungen, Handlungszwänge	– „Die Tragik als ein gar nicht zu Umgehendes“ (Vorwort 26): in Hausarbeit die Erfüllung des Hebbelschen Postulats durch Nachzeichnung der Klara-Handlung aufweisen	– Sammeln und Sichten von charakteristischen Stilmitteln (Stillarbeitsphasen)	– Schülerreferate: Motivübereinstimmung mit *Emilia Galotti, Kabale und Liebe* und *Rose Bernd* aufzeigen

	1	2	3	4	5
Didaktischer Aspekt	Die Interdependenz von sozialer Rolle und Personencharakter	Tragische Unausweichlickeit und moralische Freiheit – der Aufweis einer Antinomie	Dramenablauf und dramatische Steigerung	Die Darstellung der Tragik in Sprache und Gestik	Der Begriff des „bürgerlichen Trauerspiels“
Methodische Anregungen	– Die Bedeutung des Duells im bürgerlichen Ehrenkodex				
Leitfragen und Aufgaben	– Zeichnen Sie ein Kontrastbild von Leonhard und dem Sekretär durch Vergleich von I.4 mit II.5. – Kontrastieren Sie Meister Anton mit Leonhard durch Interpretation des Dialogs in I.5. – Zeigen Sie die sozialen Gebundenheiten und Abhängigkeiten der beiden Frauengestalten auf.	– „Das hat meine Mutter mit einem jähen Tod bezahlen müssen“: Beziehen Sie das Zitat (70, Z. 22f.) auf I.7, und erklären Sie den Zusammenhang. – Erklären und begründen Sie die innere Gebrochenheit Meister Antons in II.1.	– „Noch hast du nicht das Recht dazu.“ (77, Z. 19f.): Setzen Sie das Zitat in Beziehung zu III.2–4. (Was hat sich nach III.4 an Klaras innerer und äußerer Situation geändert?) – „Barmherziger Gott, was soll ich tun?“ (65, Z. 15): Ordnen Sie das Zitat in den Verlauf von II.1 ein.	– I.1–3: In welchen Gesten, Aussagen und Handlungen deutet die Mutter unbewußt auf ihren nahen Tod hin? – Welche symbolische Bedeutung haben Myrtenkranz und Brautkleid in I.1?	– Vergleichen Sie die Begriffsdefinitionen von „Tragödie“, „Trauerspiel“ und „bürgerl. Trauerspiel“ in mehreren Nachschlagewerken. Prüfen Sie deren Anwendbarkeit auf *Maria Magdalena.*
Additum für Leistungskurse	– Das bürgerliche Trauerspiel in der deutschen Dramendichtung des 18. und 19. Jh. – Der biographische Hintergrund zur Entstehung der *Maria Magdalena* – Die Tragödienkontrafakturen von Johann Nestroy und Franz Xaver Kroetz – Goethe, *Faust I*, Szenen „Zwinger“, „Brunnen“, „Nacht“, „Dom“: Vergleich mit Thematik und Gestaltung der *Maria Magdalena* – Vergleich der *Maria Magdalena* mit Gerhart Hauptmann, *Rose Bernd:* epochengeschichtliche Unterschiede – Bert Brecht, die Ballade *von der Kindsmörderin Marie Farrar* (Hauspostille) im thematischen Vergleich mit *Maria Magdalena*				

4
Klausurvorschläge für Grundkurse

1. „Alle sind im Recht“ (Hebbel über *Maria Magdalena*)
   a) Vergleichen Sie die Handlungsmotive und Prinzipien von Meister Anton und Leonhard.
   b) Können Sie der Selbstinterpretation Hebbels zustimmen?
2. Das Lied vom jungen Schiffer (*Maria Magdalena* III.8–9)
   a) Was sagt das Lied über die Person und den Charakter Karls aus?
   b) Welche dramaturgische Funktion hat es?
3. Über die Figur des Sekretärs sagt Hebbel, er sei am Ende des Dramas auf einen Punkt gehoben, „von wo aus die Übersicht möglich wird“.
   a) Setzen Sie den Begriff „Übersicht“ in Kontrast zum Starrsinn Meister Antons.
   b) Erklären Sie daraus die charakterliche und soziale Außenseiterrolle Friedrichs.
4. „Hebbels Frauengestalten sind die Opfer der männlichen Welt, die in ihnen nur ein idealisiertes Verehrungsobjekt oder ein Triebwesen sehen will.“ (Birgit Fenner, 1979)
   a) Untersuchen Sie Klaras Beziehungen zu den männlichen Gestalten des Dramas.
   b) Stimmen Sie Birgit Fenners Charakterisierung zu?

5
Klausurvorschläge für Leistungskurse

1. Der Begriff des „bürgerlichen Trauerspiels“

I

In den 70er Jahren des 18. Jh.s tritt das deutsche bürgerliche Trauerspiel in ein neues Stadium. Das Adjektiv „bürgerlich“ erhält unverkennbar einen ständischen, dazu gesellschaftskritischen und aktuellen Sinn. Beim späten Lessing gerät das bürgerliche Trauerspiel zumindest in die Nähe der sozialkritischen Anklage-Dramatik.

Karl S. Guthke (1972)

II

Mit der *Maria Magdalena* hat sich das bürgerliche Drama, einst ein Organ des bürgerlichen Emanzipationskampfes, gegen das Bürgertum selbst gekehrt.

Arthur Eloesser (1898)

   a) Zeigen Sie Unterschiede der sozialkritischen Tendenzen zwischen Lessings *Emilia Galotti* (1772) und Hebbels *Maria Magdalena* (1843).
   (Benutzen Sie die Zitate I und II dabei als Leitgedanken.)
   b) Erläutern Sie danach Hebbels Distanzierung vom klassischen Begriff des „bürgerlichen Trauerspiels“. (S. 26 – Reclam-Ausgabe – des „Vorworts“ zur *Maria Magdalena.)*

2. Bearbeitung und Original (s. Textbeilage).

   a) Vergleichen Sie die Auszüge aus einer Theaterbearbeitung der *Maria Magdalena* von Jürgen Goslar (1987) mit den entsprechenden Passagen von Hebbel.
   b) Welche Intention des Bearbeiters ist erkennbar?
   c) Bewerten Sie die szenischen Umstellungen und Streichungen vom Standpunkt der Bühnenwirksamkeit.
   d) Wird die Absicht des Autors Hebbel vom Bearbeiter verfälscht oder verdeutlicht?

Textbeilage zu 5.2:

Aus einer „Neueinrichtung" der *Maria Magdalena* für eine Inszenierung im Ernst-Deutsch-Theater, Hamburg (Spielzeit 1987/88)

1. Bild. (Anfang)
(Kirche. Klara, barfüßig, mit Wasserbottich und Feldblumen.)
Klara: Ich wollt, ich hätt' einen Glauben wie die Katholischen, daß ich dir etwas schenken dürfte! Meine ganze Sparbüchse wollt' ich leeren und dir ein schönes vergoldetes Herz kaufen und es mit Rosen umwinden. Einmal sah ich ein ganz kleines katholisches Mädchen, das seine Kirschen zum Altar trug. Wie gefiel mir das! Es waren die ersten im Jahr, ich sah, wie es brannte, sie zu essen! Es warf sie, um nur der Versuchung ein Ende zu machen, rasch hin, der Meßpfaff, der eben den Kelch hob, schaute finster drein, und das Kind eilte erschreckt von dannen, aber die Maria über dem Altar lächelte so mild, als wünschte sie aus ihrem Rahmen herauszutreten, um dem Kind nachzueilen und es zu küssen. Ach!

2. Bild.
(Brunnen. Klara, Sekretär. Ohne Text.
Klara am Brunnen. Der Sekretär tritt auf, sieht Klara. Klara sieht ihn nicht. Der Sekretär zögert, geht ab. Klara richtet sich auf, glaubt den Sekretär erkannt zu haben, läuft ihm ein paar Schritte nach, bleibt stehen.)

3. Bild.
(Klaras Zimmer. Klara. Die Mutter.)
Klara: Dein Hochzeitskleid? Es ist, als ob's zu heut gemacht wäre!
Mutter: Ja, Kind. Dies Kleid war schon zehnmal aus der Mode, und kam immer wieder hinein.
Klara: Du hast es nie angezogen, du sagtest: „Mein Brautkleid ist's nicht mehr, es ist nun mein Leichenkleid." Ich mocht' es zuletzt gar nicht mehr sehen, weil es mich immer an deinen Tod erinnerte. – Warum denn heut?
Mutter: Wenn man schwer krank liegt wie ich und nicht weiß, ob man wieder gesund wird, da geht einem manches im Kopf herum. Der Tod ist schrecklicher als man glaubt! Er verdüstert die Welt, er bläst all die Lichter aus, die so bunt und lustig um uns her schimmern, die freundlichen Augen des Mannes und der Kinder hören zu leuchten auf, und es wird finster, aber im Herzen zündet er ein Licht an, da wird's hell, und man sieht viel, sehr viel. Ich bin auf Gottes Wegen gegangen, ich habe dich und deinen Bruder in der Furcht des Herrn aufgezogen und den sauren Schweiß eures Vaters zusammengehalten. Aber was ist das alles! Man zit-

tert doch vor der letzten Stunde, man krümmt sich wie ein Wurm, man fleht zu Gott, die schlecht gemachte Arbeit noch einmal verrichten zu dürfen.
Klara: Hör davon auf, Mutter, dich greift's an!
Mutter: Nein, Kind, mir tut's wohl! Hat der Herr mich nicht an der Pforte des Grabes wieder umkehren lassen, und mir Frist gegeben, mich zu schmücken für die himmlische Hochzeit? So gnadenvoll war er gegen die sieben Jungfrauen im Evangelium, das du mir gestern abend vorgelesen hast, nicht! Darum habe ich heute zum heiligen Abendmahl dies Gewand angelegt. Ich trug es den Tag, wo ich die frömmsten Vorsätze meines Lebens faßte. Es soll mich an die mahnen, die ich noch nicht gehalten habe!

4. Bild.
(Wohnstube. Karl. Mutter. Klara.)
Karl (tritt auf): Morgen. Mutter! Nun, Klara, möchtest du mich, wenn ich nicht dein Bruder wäre? ...
Meister Anton: Kannst nicht? Kannst nicht? Was ist das? Bist du – (Faßt sie bei der Hand, sehr sanft) Liebe Tochter, der Karl ist nur ein Stümper, er hat die Mutter umgebracht, was will's heißen? Der Vater blieb am Leben! Komm ihm zu Hilfe, gib du mir den Rest. Du kannst nicht verlangen, daß er alles allein tun soll. Der alte Stamm sieht noch so knorrig aus, nicht wahr? Du brauchst nicht nach der Axt zu greifen, du hast ein hübsches Gesicht, Augen, Nase und Mund finden gewiß Beifall. Du verstehst mich wohl. Sag mir, es kommt mir so vor, daß du's schon bist!
Klara (fast wahnsinnig, stürzt der Toten mit aufgehobenen Armen zu Füßen und ruft wie ein Kind): Mutter! Mutter!
Meister Anton: Faß die Hand der Toten und schwöre mir, daß du bist, was du sein sollst!
Klara: Ich – schwöre – dir – daß – ich – dir – nie – Schande – machen – will!
Meister Anton: Gut! (Er setzt seinen Hut auf.) Es ist schönes Wetter! Wir wollen Spießruten laufen, straßauf, straßab! (Ab.)

12. Bild.
(Kirche. Klara, Meister Anton. 8 Tage später.)
Klara (vor dem Sarg ihrer Mutter): O die Welt. Sie kam mir wie ein vergoldet Kästchen vor, alles so schön, so bunt durcheinander, sich spiegelnd eins im andern. Und ich hielt mich selbst blank und rein, denn ich dachte, unter den vielen, über die du dich freust, ist wohl auch eins, das sich an dir erfreut. (Tagebuch 3/77 W IV, 675.) (Will ab, sieht ihren Vater, erstarrt, kniet vor ihm nieder und ruft:) Vater!

13. Bild.
(Vor dem Haus. Sekretär. Klara.)
Sekretär: Guten Tag!
Klara (hält sich, als sollte sie umfallen): Du! O wenn du nicht zurückgekommen wärst –
Sekretär: Wie geht's? Du hast dich nicht verändert!
Klara: Ich dächte, man vergißt, wenn man hundert und tausend Bücher durchstudieren müßte.

Sekretär: Man vergißt auch! Freilich, was vergißt man nicht über Justinian und Gajus! Die Knaben, die sich so hartnäckig gegen das Abc wehren, wissen wohl warum; sie haben eine Ahnung davon, daß, wenn sie sich nur mit der Fibel nicht einlassen, sie mit der Bibel nie Händel bekommen können! Aber schändlich genug, man verführt die unschuldigen Seelen, man zeigt ihnen hinten den roten Hahn mit dem Korb voll Eier, da sagen sie von selbst: Ah! und nun ist kein Halten mehr, nun geht's reißend schnell bergunter bis zum Z, und so weiter und weiter, bis sie auf einmal mit Grauen feststellen, in welche Wildnis die verfluchten vierundzwanzig Buchstaben sie hineingelockt haben!
Klara: Und wie wird's dann gemacht?
Sekretär: Darin sind die Temperamente verschieden. Einige arbeiten sich durch. Die kommen gewöhnlich in drei bis vier Jahren wieder ans Tageslicht, sind dann aber etwas mager und blaß. Zu diesen gehöre ich. Andere legen sich in der Mitte des Waldes nieder, sie wollen bloß ausruhen, aber sie stehen selten wieder auf. Noch andere kehren um. Die sind die Dümmsten, denn man läßt sie nur unter der Bedingung aus dem einen Dickicht heraus, daß sie sich spornstreichs in ein anderes hineinbegeben.
Klara: Alles ist heute lustig und munter, das macht der schöne Tag!
Sekretär: Ja, bei solchem Wetter fallen die Eulen aus dem Nest, die Fledermäuse bringen sich um, weil sie fühlen, daß der Teufel sie gemacht hat, der Maulwurf bohrt sich so tief in die Erde, daß er jämmerlich ersticken muß, wenn er sich nicht bis zur anderen Seite durchfrißt und in Amerika wieder zum Vorschein kommt. Was man alles schwätzt, wenn man etwas auf dem Herzen hat und es nicht herauszubringen weiß! Heute tut jede Kornähre einen doppelten Schuß und jede Mohnblume wird noch einmal so rot wie sonst, wenn auch nur aus Scham, daß sie's noch nicht gewesen ist. Soll der Mensch zurückbleiben? Soll er den lieben Gott um den einzigen Zins betrügen, den seine Welt ihm abwirft, um ein fröhlich Gesicht und um ein helles Auge? Wodurch willst du denn für das Leben danken als dadurch, daß du lebst? Jauchze, Vogel, sonst verdienst du die Kehle nicht!
Klara: Das ist wahr – ich könnte gleich weinen!
Sekretär: Daß du seit acht Tagen schwerer atmest wie sonst, begreif' ich wohl!
Klara (für sich): Mir ist, als wär' ich auf einmal tausend Jahre alt geworden, und nun stünde die Zeit über mir still, ich kann nicht zurück und auch nicht vorwärts. Oh, dieser festgenagelte Sonnenschein und all die Heiterkeit um mich her! (Klara, ab, dann Sekretär ebenso.)

14. Bild.
(Wohnstube.)
Meister Anton: Willst du wieder nicht essen? …

… 29. Bild.
(Wohnstube.)
Sekretär (tritt bleich und wankend herein): Wo ist Klara?
Karl: Klara? (Ab.)
Meister Anton: Was ist mit Ihnen?
Sekretär: Geben Sie mir die Hand darauf, daß Sie Ihre Tochter nicht verstoßen werden.
Meister Anton: Warum sollt' ich sie denn – mir gehen die Augen auf!
Sekretär: Geben Sie mir die Hand!

Meister Anton: Nein! Aber ich werde ihr Platz machen, und sie weiß das, ich hab's ihr gesagt!
Sekretär (entsetzt): Sie haben ihr – jetzt versteh' ich Klara erst ...
Karl (stürzt hastig herein): Vater, Vater, es liegt jemand im Brunnen!
Meister Anton: Die große Leiter her! Haken! Stricke! Schnell!
Karl: Alles ist schon da. Die Nachbarn kamen vor mir.
Meister Anton: Klara? (Er hält sich an einem Tisch.)
Karl: Sie ging, um Wasser zu schöpfen, und man fand ihr Tuch.
Meister Anton: Sieh du zu! Ich kann nicht. (Karl ab.) Und doch! Wenn ich Sie (zum Sekretär) recht verstanden habe, so ist alles gut.
Karl (kommt zurück): Klara! Tot! – Vater, sie hat sich hineingestürzt, eine Magd hat's gesehen!
Meister Anton: Hineingestürzt? Die soll sich's überlegen, eh sie spricht! Es ist nicht hell genug, daß sie das mit Bestimmtheit sagen kann! (Karl ab.)
Sekretär (in cholerischer Wut): Zweifelst du noch? Du hast sie auf den Weg des Todes gewiesen, ich, ich bin schuld, daß sie nicht wieder umgekehrt ist. Du dachtest, als du ihren Jammer ahntest, an die Zungen, die hinter dir herzischeln würden, aber nicht an die Nichtswürdigkeit der Schlangen, denen sie angehören. Ich, statt sie in meine Arme zu schließen, dachte an den Buben, der dazu ein Gesicht ziehen könnte, und – nun, ich bezahl's mit dem Leben. Du, so eisern du dastehst, du wirst noch einmal sprechen: Tochter, es beugt mich doch tief, daß du nicht an meinem Sterbebett sitzen und mir den Angstschweiß abtrocknen kannst!
Meister Anton: Sie hat mir nichts erspart!
Sekretär: Du warst nicht wert, daß ihre Tat gelang!
Meister Anton: Oder sie nicht.
Karl (trägt die tote Klara herein)
Meister Anton (fest wie bis zum Ende, ruft ihm nach): In die Hinterstube, wo die Mutter stand!
Sekretär (stirbt)
Karl (legt Klara vor des Vaters Füße und geht ab)
Meister Anton (bleibt sinnend stehen): Ich verstehe die Welt nicht mehr!

3. Zwei Theaterkritiken zur *Maria Magdalena*

I

Wir verstehen Intendanten, Regisseure, Dramaturgen nicht mehr. 1846 war es zweifellos ein Novum, als einer kam und bewies, daß „auch im eingeschränktesten Kreis eine zerschmetternde Tragik möglich ist". Inzwischen haben wir so manches andere erfahren. Hier häufen sich allzu vordergründig tatsächliche und seelische Mord- und Totschläge um Dinge, über die man heute doch wohl anders denkt, als daß dies alles dem Theaterbesucher noch zugemutet werden dürfte. Man sollte also den Mut haben, auch Stücke der Großen unserer Dichtung endgültig abzuschreiben, die nicht mehr zu uns passen. (1954)

II

B. hat das Stück inszeniert als eine Geschichte von gestern mit einer Lehre von heute: über die Tödlichkeit eines pervertierten Christentums, eines Glaubens ohne Gnade, einer ins Unsittliche umgeschlagenen, weil absolut gesetzten

Sitte, einer Moral ohne Liebe. Mit dieser Belehrung scheint Hebbel, unabhängig von den sexuellen und sozialen Gebräuchen von 1843 oder 1968, leider unsterblich. (1968)

a) Zeichnen Sie die gegensätzlichen Standpunkte der beiden Rezensenten nach.
b) Welche literarischen Wertungskriterien sind erkennbar?
c) Formulieren und begründen Sie ihre eigene Meinung über die zeitgeschichtliche Aktualität des Dramas.

4. Der Wandel sittlicher Normen in der Rezeption des Dramas.

I

Welcher Vater droht heutzutage ernsthaft, sich die Kehle zu durchschneiden, weil seine Tochter ein uneheliches Kind bekommt? Welche Tochter, die Pille im Nachtkastl, kriegt überhaupt noch ein uneheliches Kind, und wenn schon, warum sollte sie sich deshalb umbringen?
Solche Fragen tauchen auf, wenn Hebbels *Maria Magdalena* auf dem Spielplan erscheint. (DIE WELT, 26.4.1968)

II

Eine unübersteigbare Schwierigkeit, sobald es sich um die Aufführung handelt, das Hauptmotiv der Handlung, die offenkundige Schwangerschaft der Heldin, stößt alles über den Haufen. Wie können Sie nur denken, daß das geht? ... Man mag noch so wenig prüde seyn, so lehnt sich doch das Gefühl so sehr gegen eine solche Situation auf, daß Ihr Stück kaum beim Lesen, am wenigsten aber auf der Bühne zu seiner wahren Wirkung kommen kann.
(die Schauspielerin Auguste Stich-Crelinger an Hebbel, 6.1.1844)

a) Erklären Sie die beiden unterschiedlichen Einwände gegen eine Aufführung der *Maria Magdalena* aus der sozialgeschichtlichen Entwicklung.
b) Nehmen Sie Stellung.

6 Materialien

Aus dem Tagebuch 1843

.1 4. Dez.:

Heute habe ich mein viertes Drama: „Ein bürgerliches Trauerspiel!" geschlossen. Bei dieser Dichtung ging es eigen in mir zu. Es kam darauf an, durch das einfache Lebensbild selbst zu wirken und alle Seitenblicke des Gedankens und der Reflexion zu vermeiden, da sie mit den dargestellten Charakteren sich nicht vertragen. Das ist aber schwerer, als man denkt, wenn man es gewohnt ist, die Erscheinungen und Gestalten, die man erschafft, immer auf die Ideen, die sie repräsentieren, überhaupt auf das Ganze und Tiefe des Lebens und der Welt zurückzubeziehen. Ich hatte mich also sorgfältig zu hüten, mich bei der Arbeit zu erhitzen, um nicht über den beschränkten Rahmen des Gemäldes hinwegzusehen und Dinge hineinzubringen, die nicht hineingehören, obgleich es eben diese Dinge sind, die mich am meisten reizen, denn das Hauptvergnügen des Dichtens besteht für mich darin, einen Charakter bis zu seinem im Anfang von mir selbst durchaus nicht zu berechnenden Höhepunkt zu führen und von da aus die Welt zu überschauen. Ich glaube, daß mir diese Selbstaufopferung, diese Resignation auf die Befriedigung meines individuellen Bedürfnisses geglückt ist, eben darum aber rückte das Werk langsam vor, und als ich so recht im Mittelpunkt angelangt war, schleuderte mich der Tod meines Sohnes wieder heraus. Es war meine Absicht, das bürgerliche Trauerspiel zu regenerieren und zu zeigen, daß auch im eingeschränktesten Kreis eine zerschmetternde Tragik möglich ist, wenn man sie nur aus den rechten Elementen, aus den diesem Kreise selbst angehörigen, abzuleiten versteht. Gewöhnlich haben die Poeten, wenn sie bürgerliche Trauerspiele zu schreiben sich herabließen, es darin versehen, daß sie den derben, gründlichen Menschen, mit denen sie es zu tun hatten, allerlei übertriebene Empfindeleien oder eine stöckige Borniertheit andichteten, die sie als amphibienhafte Zwitterwesen, die eben nirgends zu Hause waren, erscheinen ließen. (T. 2910)

Mat. 2 8. Dez.:

Bei Dramen, wie Judith und Genoveva, zog ich gewissermaßen auf jeder Seite das Resultat des Dichtungsprozesses, bei diesem letzten ist es anders, der Gehalt kann nur im Ganzen, nur in der vollendeten Geschlossenheit der Form gesucht werden, und deshalb kann man auch vor dem völligen Abschluß nicht wissen, wie man mit sich selbst daran ist. Jetzt sind alle Mauslöcher ausgestopft, und ich bin zufrieden, besonders damit, daß sie eigentlich alle recht haben, sogar Leonhard, wenn man nur nicht aus den Augen läßt, daß er von Haus aus eine gemeine Natur ist, die sich in höhere nicht finden und an sie nicht glauben kann, und daß also die Gebundenheit des Lebens in der Einseitigkeit, aus der von vornherein alles Unheil der Welt entspringt, so recht schneidend hervortritt, weshalb ich mich denn auch wohl gehütet habe, den Hauptcharakter, den eisernen Alten, am Ende in dem Scheidewasser, das der Sekretär, den der Tod einen Blick in die Verwirrung tun läßt und auf den Punkt, von wo aus die Übersicht möglich wird, erhebt, sterbend gegen ihn ausspritzt, aufgelöst erscheinen zu lassen, er darf nicht weiter kommen, als zu einer *Ahnung* seines Mißverhältnisses zur Welt, zum Nachdenken über sich selbst. Leonhard ist ein Lump, aber eben deswegen – ein Lump kann nichts Böses tun! (T. 2926)

Briefstellen

Mat. 3 An Elise Lensing, 5. Dez. 1843:

... seit gestern morgen liegt mein viertes Drama: „Ein bürgerliches Trauerspiel" in einer wunderschönen Abschrift, auf Postpapier von meiner Hand geschrieben, vor mir. Dies Mal komm' ich freilich um den schönsten Lohn meiner Arbeit, um die Freude, es Dir vorlesen und aus Deiner Seele den reinen Widerklang entgegennehmen zu können; daß es Dir gefallen würde, setze ich mit einiger Zuversicht voraus, denn es ist nach meinem Gefühl im höchsten Grade gelungen. Mit den allereinfachsten Mitteln wird die höchste tragische Wirkung erreicht, der Alte ist ein Riese geworden und Leonhard ist bloß ein Lump, kein Schuft, der Sohn, der Secretair, sie Alle sind im Recht (worauf ich mir am meisten einbilde, da es aller-

dings am schwersten ist, aus der bloßen spröden Einseitigkeit, ohne Beimischung des positiv-Bösen die Schuld abzuleiten) und dennoch entbindet sich durch den Zusammenstoß dieser einander innerlich entgegen gesetzten Naturen das furchtbarste Geschick. Im Hintergrund bewegen sich die Ideen der Familie, der Sittlichkeit, der Ehre, mit ihren Tag- und Nacht-Seiten, und Consequenzen dämmern auf, die wohl erst nach Jahrhunderten in den Lebens-Katechismus Aufnahme finden werden. Leute, die den Gehalt der Poesie nur im *Stoff* sehen, werden freilich für die allerbedeutendsten Vorzüge dieses Werks unempfindlich seyn, doch auf die kommt es ja auch nicht an. Andere werden das Verdienst des Stücks, eben des Stoffs wegen, nur um so höher schätzen. Ich las es gestern abend dem Dr. Bamberg auf seine Bitte vor und es hat mich nicht gereut, denn er drang gleich beim Hören in den innersten Mittelpunct ein und wußte mir nachher über das Ganze auf eine Weise Rechenschaft zu geben, die mich sehr erfreute. Diese Art Darstellung, meinte er, habe er für unmöglich gehalten, es sey ihm unbegreiflich, wie ich mich mit niederländischer Treue an den beschränkten Kreis hätte binden und doch das Welt-Ganze zur Anschauung bringen können, und allerdings liegt hierin ein Haupt-Verdienst. Er glaubt, es sey undenkbar, daß die Bühnen dies Stück ablehnen und noch undenkbarer, daß es bei'm Publicum keinen Beifall finden würde. Nun, wir wollen sehen. Über Leonhard machte er die sehr richtige Bemerkung, daß er durchaus nicht widerwärtig werde, da er naiv sey; es war mir selbst entgangen, aber es ist richtig, dieser Hundsvott lebt nicht aus einem *Princip,* sondern aus seiner *Natur* heraus, man ärgert sich nicht über *ihn,* sondern über *Gott,* der ihn gemacht hat.
Nun werde ich das Stück denn in den nächsten Tagen nach Berlin absenden, es wird ein heilloses Porto kosten, aber man muß es daran wagen. Von Unaufführbarkeit kann man dies Mal nicht sprechen, weist man es zurück, so ist es entschieden böser Wille, wir wollen uns aber von vorn herein darauf gefaßt machen. Ich denke dies Drama dem König von Dänemark zu dediciren, wenn ich es heraus gebe. (BII, 341)

4 An Auguste Stich-Crelinger in Berlin

Paris, d. 11. Dez. 1843

Hochzuverehrende Frau!

Angeschlossen nehme ich mir die Freiheit, Ihnen das Stück, von dem mein alter Freund Kisting Ihnen gesprochen hat, zu übersenden. Ich glaube, es ist in jeder Beziehung darstellbar, und empfehle es zu diesem Zweck angelegentlichst in Ihre Protektion. Der Titel, unter dem ich es drucken lassen und die Heldin in den von Judith und Genoveva eröffneten Frauenkreis einführen werde, ist *Maria Magdalena.* Da dieser symbolische Titel aber zu Mißverständnissen Anlaß geben könnte, so habe ich an seiner Statt fürs Erste den allgemeinen: ein bürgerliches Trauerspiel! gesetzt. Es ist das Glied einer großen Kette von Tragödien, in welchen ich den Welt- und Menschenzustand in seinem Verhältnis zu der Natur und zum Sittengesetz, dem wahren wie dem falschen, auszusprechen gedenke. Speziell hatte ich bei diesem Stück noch die Absicht, das bürgerliche Trauerspiel einmal aus den dem bürgerlichen Kreise ursprünglich eigenen Elementen, die nach meiner An-

sicht einzig und allein in einem tiefen, gesunden und darum so leicht verletzlichen Gefühl und einem durch keinerlei Art von Dialektik und kaum durch das Schicksal selbst zu durchbrechenden Ideenkreis bestehen, aufzubauen. Wenn dies Stück daher, abgesehen von der größeren Kette, in der es ein notwendiges Glied bildet, ein partielles Verdienst hat, so dürfte es darin liegen, daß hier das Tragische nicht aus dem Zusammenstoß der bürgerlichen Welt mit der vornehmen, woraus freilich in den meisten Fällen auch nur ein gehaltloses Trauriges hervorgeht, abgeleitet ist, sondern ganz einfach aus der bürgerlichen Welt selbst, aus ihrem zähen und in sich selbst begründeten Beharren auf den überlieferten patriarchalischen Anschauungen und ihrer Unfähigkeit, sich in verwickelten Lagen zu helfen.
Ich hoffe, die Heldin, deren Geschick aus einem Minimum von Schuld entspringt und dennoch bis zum Ungeheuren anwächst, soll sich in Ihr Herz schleichen, ohne daß Sie darum dem, der sie in den Tod hineintreibt und bis ans Ende unerschüttert bleibt, gram werden; ja nur die Felsenhaftigkeit des Alten dürfte mit ihm und mit der Grundidee des Ganzen aussöhnen und die Beschwichtigung, deren das menschliche Gemüt bedarf, herbeiführen; man sieht, daß er nicht anders kann, wenn er auch möchte, dadurch ist er und der Dichter in ihm, gerechtfertigt.
(BII, 347)

Mat. 5 Am 6. Januar 1844 antwortete Auguste Stich-Crelinger:

Geehrter Herr! Der Empfang Ihres gütigen Schreibens vom 11ten v. M. und des mir mit demselben übersandten Stückes, war für mich das erste freudige Ereigniß am Neujahrsmorgen, und ich, die, wie Sie schon gemerkt haben müssen, ängstlich auf den dramatischen Messias harrt, will Ihr Werk in vieler Hinsicht als eine gute Vorbedeutung betrachten. Ich habe das „bürgerliche Trauerspiel" zweimal schnell hintereinander gelesen, oder vielmehr: einmal verschlungen und dann gelesen! Indem ich aber nun daran gehen will, meine Meinung über dasselbe gegen Sie auszusprechen, sinkt mein Muth. – Weiß auch ein Dichter was er thut, wenn er das Urtheil eines Schauspielers heraus fordert? Wir sollen die kalte, nüchterne Bühnen-Konvenienz dem aus glühender Überzeugung entsprungenen Dichterwerke anpassen! [...] Doch bei allen diesen Bedenklichkeiten beruhigt mich das Eine: Sie sind von meiner Aufrichtigkeit überzeugt; ich kann mich irren, mein Urtheil kann ein kleinliches seyn, aber ein gewissenhaftes ist es zuverlässig.
Zuvörderst also lassen Sie mich Ihnen Glück wünschen zu den Fortschritten, die Sie in dem gemacht haben, was wir *dramatisches Geschick* nennen. Die Behandlung der Idee, die Verknüpfung der Situationen, die Herbeiführung spannender und effektvoller Scenen, die Berücksichtigung der theatralischen Wirkung (mit Ausnahme des jähen Todes der Mutter), die kräftige, gedankenreiche Sprache, sind Vorzüge, die in dem Grade wenige Deutsche Dichter mit Ihnen theilen. Man merkt es Ihnen an, daß Sie nun schon Vieles gesehen haben, was dem dramatischen *Handwerk* zu Gute gekommen ist. Nur *Eins,* eine Kleinigkeit wenn Sie wollen, aber nach meiner Ansicht eine unübersteigliche Schwierigkeit, sobald es sich um die Aufführung handelt, das Hauptmotiv der Handlung, die offenkundige Schwangerschaft der Heldin, stößt Alles über den Haufen. Wie können Sie nur denken, daß das geht. Der französische dramatische Schriftsteller wagt mehr als irgend ein anderer, fragen Sie ihn, ob er es wagen würde, dem Publikum des Théa-

tre français oder des Gymnase eine schwangere *Heldin* vorzuführen. Man mag noch so wenig prüde seyn, so lehnt sich doch das Gefühl so sehr gegen eine solche Situation auf, daß Ihr Stück, kaum beim Lesen, am wenigsten aber auf der Bühne zu seiner wahren Wirkung kommen kann. Und was das Schlimmste ist, man kann Ihnen keine Veränderung keine Beschönigung vorschlagen, denn auf diesem *unmöglichen* Motive beruht das ganze Stück. Es ist ein Jammer, und Sie sind der höchsten Mißbilligung werth, daß Sie da, wo so unendlich viel Schönes geboten wird, einen Pinselzug in das Gemälde gebracht haben, der die beabsichtigte Wirkung nicht schwächt, aber uns zwingt, das Bild dem Auge des Publicums zu entziehen. Sie sind ein Mörder an Ihrem eigenen Genius. Ist es die Sucht nach Ungewöhnlichem, oder ist es eine Lücke in Ihrem geistigen Organismus, daß Sie die zarten Gesetze der Sitte (ich meine nicht die der Konvenienz) auf so naive Weise mit Füßen treten? Oder soll ich mit Ihrem Meister Anton ausrufen: „Ich verstehe die Welt nicht mehr!?" Wäre dieser, in meinen Augen unauslöschliche Flecken nicht in dem Stücke, mit welcher Begeisterung mit welchem Stolze würde ich Ihrem Werke den Weg auf die hiesigen Bretter gebahnt haben? Was für Charaktere: Anton, Klara, der Secretair! An Karl würde *vielleicht* Einiges geändert, oder vielmehr etwas hinzugefügt werden müssen, um dieser Figur mehr Deutlichkeit zu geben. Der Leonhard ist vortrefflich: ein ächter Teufel und doch ein ganzer Mensch. Was hilft das aber Alles; ich bin entzückt, und muß doch die Hände sinken lassen. – Wenn ich bedenke, was Sie dem Theater seyn könnten, wenn Sie wollten, dann bin ich wahrhaft böse auf Sie, daß Sie selbst sich und uns Steine in den Weg legen.

Ich weiß nicht, wie Sie dieses Schreiben aufnehmen werden; ich kenne Sie zu wenig, um mit Bestimmtheit behaupten zu können, daß es Sie nicht beleidigen werde; aber ich denke, Sie achten mich genug, um Wahrheit von mir zu erwarten. Ihr Stück behalte ich, bis ich höre, was Sie darüber beschließen. Wollen Sie es, trotz meiner Einwendung damit versuchen, und es bei dem hiesigen Theater einreichen, so will ich gern aus wahrer Achtung vor Ihrem großen Talent, die *schweigende* Vermittlerin seyn.

Leben Sie wohl, und, zum Beweise, daß Sie nicht zürnen, schreiben Sie mir bald wieder. Vielleicht finden Sie einen Ausweg, ich sehe keinen; denn mit der bloßen folgenlosen Verführung ist bei Ihrer Heldin nicht durchzukommen!

Ihre ganz ergebene Auguste Crelinger.

(Hirth, 23–25)

6 Hebbels Antwort an A. Stich-Crelinger (23. Jan.)

Ich weiß recht gut, daß Sie mein Werk nicht mit Ihren, sondern mit den Augen des Publ[ikums] betrachtet haben, meine Einwendungen gelten also auch nicht Ihnen, sondern dem Publ., das wir allerdings nicht verändern können. Aber dem Publ. ist diese Situation, ohne die mein Stück unmöglich ist, an die es geknüpft ist wie die Blume an die schwarze Erde, aus der sie hervorwächst, ja nicht fremd. Gretchen im *Faust* ist auch eine schwangere Heldin, und dies Gretchen gehört nicht bloß zu den höchsten und reinsten Gestalten aller Poesie, sondern es wird gespielt, eben aber auf den Zustand des Mädchens wird die ganze Katastrophe gebaut, mit jenem fällt sie weg und mit ihr der ganze *Faust*. Klärchen im *Egmont* ist noch etwas viel Schlimmeres, sie ist eine Dirne, die Dirne eines Grafen, den sie nie besitzen kann, aber weil der Dichter sie mit einem über alle bloße Sitte weit hinausgehenden und sie vergessen machenden sittlichen Adel zu umkleiden wußte, fällt das keinem ein oder doch nur demjenigen, dem auch bei Raffaels Madonna allerlei einfällt. Das Problematische ist der Lebensodem der Poesie und ihre einzige Quelle, denn alles Abgemachte, Fertige, still in sich Ruhende ist für sie nicht vorhanden, sowenig wie die Gesunden für den Arzt. Nur, wo das Leben sich bricht, wo die inneren Verhältnisse – die äußeren sind für den Handwerker da, der sie durcheinanderschiebt und dadurch denn freilich auch die müßige Neugier befriedigt, ja, wenn er sie wieder zurechtrückt, eine so vollständige Versöhnung zustande bringt, daß der wahre Dichter, der sich eben mit dem Unauflöslichen beschäftigt und der das Böse sowenig aus dem Ring seines Dramas verweisen kann, als Gott es aus der Welt verweisen konnte, weit hinter dem Mann zurückbleibt – nur wo die inneren Verhältnisse sich verwirren, hat die Poesie eine Aufgabe, und wenn es ihr verwehrt wird, sie hier zu suchen, wenn man sie, statt sie zu fragen: „Bringst du die Gesundheit, nämlich den geläuterten sittlichen Zustand, wieder hervor", fragt, warum sie sich mit einem so häßlichen Fieber, worin die Helden nur noch Unterjacken, aber nicht die Toga tragen, befaßt, so ist kein dramatischer Messias möglich, oder vielmehr, da das Drama sich auch im Notfall selbständig entfalten kann, er wird für das Theater seiner Zeit nicht vorhanden sein. Nur auf die Behandlung des Prozesses und auf das Resultat, das aus ihm hervorgeht, kommt es an, und was die Behandlung des hier in Frage stehenden Verhältnisses betrifft, so weiß ich, daß sie nicht zarter sein kann, und bilde mir auf diesen Mädchencharakter, besonders aber auf die Spitze desselben in der Schlußszene des zweiten Aktes – wenn ich es anders sagen darf – etwas ein. Das Resultat aber ist ein so vollständiges, wie nur irgend möglich, denn ein Fehltritt, der eigentlich gar keiner ist, weil das unglückliche Wesen ja nicht sowohl vom geraden Wege abweicht als aus diesem Wege herausgedrängt und gestoßen wird, kann nicht entsetzlicher gebüßt werden, und ich dächte, das Tragische der ganzen Situation, das sich mit dem Bedenklichen zugleich, nicht erst hinterher, entfaltet, sollte jeden Gedanken an dieses entfernt halten. Ja, ich bin überzeugt, daß eine Schauspielerin, die auf die tragischen Motive das gehörige Gewicht legt, die übrigen ebensogut vergessen macht, als uns im *Faust* Gretchens: „O neige, neige, du Schmerzenreiche" pp. über das Anstößige ihres Zustandes weit hinausführt. Es ist gewiß nicht die Sucht nach dem Ungewöhnlichen und hoffentlich auch keine Lücke in meinem geistigen Organismus, was mich veranlaßt, meine Gebilde so und nicht anders hinzustellen; ich befolge nur das einfache Gesetz, das zu allen Zeiten von den Meistern der tragischen Kunst befolgt wurde: das minder Wesentliche dem Wesentlichen zu opfern. Jeder wird mir zugeben müssen, daß mein Stück ohne den Punkt, der eingeräumt werden muß, nicht möglich ist; mancher wird aber doch Anstand nehmen zu sagen, daß es auch besser sei, wenn es wirklich nicht existierte. (T. 3003)

Zeitgenössische Kritiken

Mat. 7 Ein Kritiker über die Königsberger Uraufführung vom 13. März 1846:

Das Publicum schien die Tendenz des Dichters nicht zu begreifen, es capirte nicht, daß der Dichter in der *Maria Magdalena* ein Bild unserer sittlich socialen

Verhältnisse in derselben Absicht hingestellt wie Cola Rienzi, das Bild auf dem römischen Forum, damit wir davor erschrecken und dadurch angeregt werden sollen, unsere Begriffe von Ehre und Tugend zu rectifizieren. Das Publicum der „Stadt der reinen Vernunft" benahm sich so echt spießbürgerlich *prüde* dabei, *es wehrte sich gegen den vernichtenden Eindruck,* und die Dämchen hielten die weißen Schnupftücher vor die Augen, und taten als ob sie sich schämten und sagten den andern Tag beim Thee: „Das Stück sei recht schön, aber eine Dame von Reputation könne doch nicht ein Stück mit ansehen, dessen Heldin ‚eine Verführte' sei."

(Sievers 24)

8 Kritik von Sigmund Engländer an der Wiener Hofburg-Aufführung vom 8. Mai 1848:

Der abstracte Gedanke, daß auch wir Österreicher die Freiheit erobert haben, wird durch jede concrete Thatsache, die als eine Äußerung der Freiheit zu betrachten ist, in uns zum lebendigen Jubelgefühl. Wie seltsam wird Jemanden, der in die Hauptstadt des Landes der Phäaken zu kommen wähnt, zu Muthe, wenn er den schrillenden Ton der Freiheit durch die kühnsten Plakate von allen Mauern herabschreien hört! Man braucht eine Scene, wie daß ein entdeckter Polizeispion vom Volke an den Pranger ausgestellt und in einem Hundewagen unter entsetzlichem Pfeifen und Miauen durch ganz Wien herumgeführt wird, man bedarf des Anblicks einer Hökerin, welche die bittersten Satyren gegen das Ministerium und die Geistlichkeit mit derselben monotonen Gelassenheit ausruft, wie früher ihre Äpfel, man braucht solche Scenen als Bestätigung, daß man wirklich nicht träume und der Strahl der Freiheit in der That auch bei uns das Leben wach geküßt habe. Eine solche Thatsache zur Bestätigung, das wir wirklich frei geworden, war auch die Aufführung der *Maria Magdalena* im Burgtheater. Man muß nur wissen, was das Burgtheater früher war, um eine solche Aufführung würdigen zu können. Das Burgtheater war der große Kochtopf, in welchem die Poesie zu Muß weichgekocht wurde, es war die Privatunterhaltungsanstalt einer satten Aristokratie, die in den Schlafsesseln ihrer Logen dem tändelnden Spiele der Nebelbilder auf der Bühne zusah. Die Hochadeligen, die nach dem französischen Modenjournal frisirt waren, sahen mit Vergnügen in den Übersetzungen auch im Theater einen französischen Modeartikel vor sich. Das Volk wurde nicht anders vertreten, als durch Iffland'sche Jammerstücke, wobei dem Logenpublikum so zu Muthe war, wie den alten Römern, wenn sie ihre Sklaven einkauften und sie früher ganz nackt betrachteten; die Aristokratie sah mit Wollust die Anatomie eines hungernden Magens und das schwere, niederdrückende Gewicht eines leeren Beutels, und lorgnettirte höhnisch die Zuschauer auf den Gallerien, die vor Scham weinten, daß das Geheimniß ihrer Stube verrathen sei. Jetzt hat das Volk wahrhaft von dieser Bühne Besitz genommen; es ist nicht mehr Iffland und seine Consorten, welche einem neugierigen, aristokratischen Publikum das Auskehricht der Familienstuben analysirt, sondern ein wirkliches Volksstück, vor welchem ein gewisser Theil des Publikums erschrecken muß, wurde unter übergroßem Andrang der Zuschauer aufgeführt. Die Aufführung der *Maria Magdalena* im Burgtheater, ohne daß eine Stelle dabei gestrichen oder verändert wurde, ist ein *politisches Ereigniß,* eine Manifestation des frei gewordenen Volkes, und wird hier allgemein als Epoche machend in der Geschichte des Burgtheaters bezeichnet.

Hebbel feierte dabei einen Triumph, wie er bei den schreckenden Elementen seiner Dichtung und der Gewöhnung des hiesigen Publikums an Halm'sche Syruppoesie gar nicht zu erwarten war. Er wurde nach jedem Akt stürmisch gerufen, und da stets ein Regisseur in seinem Namen dankte, so ruhte das Publikum am Schlusse mit seinen Beifallsbezeugungen nicht, bis Hebbel selbst auf der Bühne erschien und er nun dreimal unter ungewöhnlichem Applaus hervorgerufen wurde. Auch in den beiden folgenden Aufführungen wurde er jeden Abend gerufen. Gewiß wurde dieses Drama in keiner Stadt Deutschlands so ohne alle Prüderie von den Zuschauerinnen aufgenommen wie hier, und man erkannte bei dieser Gelegenheit ein gesundes, sittlich beruhigtes Publikum. Die Darstellung war meisterhaft. Schon im Allgemeinen wurde durch den gemeinsamen, verhaltenen Ton der Darstellung das Gefühl der Öde des Familienlebens in der Brust des Zuschauers geweckt. Man sah durch die lebendige Aufführung noch mehr, wie jede einzelne Person im Stücke ihre besondere Linie verfolge und davon nicht abweichen könne. Wenn die Mutter dem Meister Anton, der sie um einen Kuß bittet, erwidert: „Das fiel dir lange nicht mehr ein!", wenn der alte Tischler bei der Leiche seines Weibes sich von Klara blos beschwören läßt, daß sie ihm die Linie seiner starren, bürgerlichen Ehre nicht verwischen werde, wenn Klara geht, sich in den Brunnen zu werfen, und Karl dabei ein Lied singt, welches ihm eine neue Lebensbahn in die Seele zaubert, fühlt man erschreckend klar, wie jede einzelne Person einseitig ihren Weg verfolgt, und daß ein solches Familienleben, auch wenn kein specielles tragisches Ereigniß eintritt, an und für sich schon tragisch sei; man spürt gleich beim Beginn den heißen, tragischen Boden unter sich. Noch schrecklicher wird diese Empfindung dadurch, daß man jeden Augenblick in die früheren Generationen zurückblicken kann und stets dieselbe Einseitigkeit und Beschränktheit der Lebensinteressen wahrnimmt. Die Mutter sagt, wie sie Klara segnet, daß sie denselben Segen einst von ihrer alten Mutter empfangen habe, und erzählt ihr von der alten Zeit Züge derselben Beengtheit. Meister Anton lebt nur in der alten Zeit, ironisirt bitter die Gewohnheiten der jungen Welt, und wie er seine Jugendgeschichte erzählt, sieht man, daß dieser Familienzustand im engsten Zusammenhang mit der Vergangenheit stehe; und in der eisernen Gewalt, welche er auf seine ganze Umgebung ausübt, sieht man seine Absicht, diese Einrichtung der Familie auch fortzusetzen. Der Sekretair sieht bei seiner Zurückkunft die Möbel noch auf dem Platz stehen, wo er sie als Kind gesehen, und wenn allerlei Namen von Nachbarn genannt werden, so erinnert uns dies nur, daß derselbe schreckliche Conservativismus des Lebens auch bei diesen herrsche. So wie die einzige Schuld Klaras darin besteht, daß sie sich nicht als selbständiger Mensch fühlt, weil ihre Eltern ihr Leonhard als künftigen Bräutigam hinstellen, sich an ihn gebunden glaubt, in seinem Begehren nur „ein Einfordern einer Schuld" erblickt und ihm, gerade weil ihre Jugendliebe wieder erwacht, nachgeben zu müssen glaubt, ebenso sind auch alle übrigen Personen, der Meister Anton mit seinem Begriff von Moral und Ehre, sogar der Sekretair mit seinem „Darüber kann kein Mann hinweg" nur wegen der anderen Bürger in ihren Lebensgrundsätzen bestimmt, und in Keinem kommt das freie Menschheitsgefühl zum Ausdruck. (...)

Anhang

Anmerkungen

Abkürzungsschlüssel:

W. – Friedrich Hebbel: Sämtliche Werke, hrsg. von R. M. Werner
T. – Friedrich Hebbel: Tagebücher, hrsg. von R. M. Werner
Br. – Friedrich Hebbel: Briefe, hrsg. von R. M. Werner
H.Jb. – Hebbel-Jahrbuch
E.u.D. – Erläuterungen und Dokumente zu Hebbel, „Maria Magdalena", Reclam UB Nr. 8105

(Die Tagebuchstellen sind nach der Wernerschen Numerierung zitiert, wenn es aufschlußreich ist, auch mit Datierung.)

[1] T. 2408; 2801; 2910; 2926; Br. Bd. II. S. 230; 246; 314.
[2] Br. Bd. II. S. 398.
[3] In: Das deutsche bürgerliche Trauerspiel. S. 5f.
[4] zitiert nach Guthke, a.a.O., S. 8.
[5] H. A. von Bassewitz.
[6] Lessing weist darauf hin, daß Lillo den Stoff einem alten Bänkelsängerlied entnommen hat (In: „Geschichte der englischen Schaubühne", III. 4).
[7] Martin Opitz: „Die Tragödie leidet selten, daß man geringen Standes Personen einführe." („Buch von der deutschen Poeterey").
[8] „Die Welt als Wille und Vorstellung". Bd. II, Kap. 37.
[9] Am 10. 7. 1755 in Frankfurt an der Oder.
[10] a.a.O. (Anm. 3), S. 60ff.
[11] Br. Bd. II. S. 246.
[12] Br. Bd. II. S. 342.
[13] T. 2910.
[14] „Vorwort zur Maria Magdalena", Recl. S. 26.
[15] „Ein Wort über das Drama" (s. Abschn. 3.1 dieser Arbeit).
[16] 5. Akt, letzte Szene.
[17] ebd.
[18] „Die Kindermörderin", Ende 6. Akt.
[19] Dazu O. F. Walzel: „Es ist, als ob die Absicht, echte Tragik auch im Kreise des Bürgertums aufzuzeigen, von vornherein gewisse Typen von Menschen, von Familienbeziehungen und von Erlebnissen herbeiriefen." (In: „Friedrich Hebbel und seine Dramen", S. 63).
[20] „Mariens Kammer", 4.
[21] „Die Stadt".
[22] ebd.
[23] In: „Griechischer Frühling".
[24] T. 1034.
[25] In: „Hebbels Dialektik der Natur", S. 256.
[26] „Demetrius". IV. 10.
[27] O. Walzel: Friedrich Hebbel und seine Dramen; B. v. Wiese: Die deutsche Tragödie.

[28] a.a.O., S. 57.
[29] An Taillandier und Ruge.
[30] a.a.O., S. 601.
[31] ebd., S. 602.
[32] „Agnes Bernauer", V. 10.
[33] B. von Wiese, a.a.O., S. 601 f.
[34] E. u. D., S. 59.
[35] ebd., S. 61.
[36] Br. Bd. II. S. 314.
[37] In: Hebbels Werke. Berlin und Weimar 1966. Bd. I. S. 387.
[38] In: Friedrich Hebbel. Maria Magdalene. S. 35.
[39] Br. Bd. II. S. 358.
[40] A. Bertholdi, zeitgenössischer Theaterkritiker, in: „Theater-Locomotive", Leipzig (In: E. u. D., S. 65 f.).
[41] Nach: F. Wütschke, Hebbel in der zeitgenössischen Kritik, S. 70 f.
[42] 1.–6. Dez. 1887, Nr. 335–340.
[43] In: „Der Theater-Teufel, humoristisch satirischer Almanach, Hamburg 1848 bei B. S. Berendsohn.
[44] Nach: P. Bornstein: Friedrich Hebbels Persönlichkeit. Bd. I. S. 193.
[45] Nach: Wütschke, a.a.O., S. 205 f.
[46] H.Jb. 1981, S. 183.
[47] s.a. Friedrich Theodor Vischer: Kritische Gänge. Bd. VI. (Neu hrsg. von R. Vischer, 1922.)
[48] s.a. S. 67 (Recl.): „Nimm mich für ihn!"
[49] Br. Bd. II. S. 246.
[50] Vgl. Psalm 40.8: „Siehe, ich komme."
[51] An Elise Lensing am 26. 3. 1843, also während der Arbeit am 1. Akt. (Br. Bd. II. S. 246)
[52] In den Tagebüchern finden sich zahlreiche Notizen über günstige und ungünstige Omina, von denen sich der Melancholiker Hebbel innerlich bestimmen ließ. Den günstigen Einkauf eines Paares Stiefel bei der Ankunft in München z. B. wertet er als „günstiges Zeichen" (T. 1528), ein toter Fisch am Strand der Kieler Förde vor der Einschiffung nach Kopenhagen bestärkt ihn dagegen in seinen düsteren Vorahnungen (T. 2617).
[53] Heinrich Laube hatte nach der Leipziger Aufführung des Dramas (1846) „den Eindruck einer vernichtenden Traurigkeit ... Wir gingen vondannen wie von einer Hinrichtung." (Nach: H. Matthiesen: Friedrich Hebbel. S. 70).
[54] s.a. T. 2040: „Die menschliche Gesellschaft als Ganzes, als Sozietät betrachtet, ist völlig so schlecht wie ihr schlechtestes Individuum. Ihre Gesetze und Einrichtungen sind, was Raub, Mord und Totschlag des einzelnen."
[55] Hebbels philosophisches Denken wurzelt in den frühesten Leseeindrücken, die er in der Privatbibliothek des Kirchspielvogts Mohr in Wesselburen gewann. Dort beeindruckte ihn vor allem der frühromantische Irrationalismus von G. H. Schubert und Schellings Naturphilosophie. Hegel dagegen begegnete Hebbel erst sehr viel später.
[56] In: Wandlungen des Tragischen. S. 21.
[57] ebd.

[58] Hebbel wollte dieses Schlußwort nicht etwa als eine Katharsis des Anton gedeutet wissen. „Der Alte darf nicht weiterkommen als zu einer Ahnung seines Mißverhältnisses zur Welt." (T. 2926, am 8. 12. 1843, also unmittelbar nach Fertigstellung des Dramas).
[59] Lütkehaus: Hebbel – Gegenwartsdarstellung, Verdinglichungsproblematik, Gesellschaftskritik. S. 74.
[60] T. 2926.
[61] An Elise Lensing, 5. 12. 1843, also drei Tage vor der unter Anm. 58 angeführten Tagebuchnotiz (Br. Bd. II. S. 342).
[62] Br. Bd. VIII. S. 38.
[63] B. von Wiese: Die deutsche Tragödie. S. 595.
[64] O. Walzel: Hebbelprobleme. S. 38.
[65] W. Liepe: Zum Problem der Schuld bei Hebbel. S. 43.
[66] Aubin/Zorn: Handbuch der dt. Wirtschafts- und Sozialgeschichte. S. 636.
[67] F. Lütge: Deutsche Sozial- und Wirtschaftsgeschichte. S. 379.
[68] ebd., S. 398.
[69] Zum Vergleich: Klara – 16 Szenen, Leonhard – 10 Szenen.
[70] II. 2; II. 4; II. 6.
[71] In: Friedrich Hebbel: Maria Magdalena. S. 46.
[72] In: Gegenwartsdarstellung, Verdinglichungsproblematik, Gesellschaftskritik. S. 74.
[73] ebd., S. 75.
[74] ebd., S. 73.
[75] In: Friedrich Hebbel: Maria Magdalena – Deutsche Dramen, Interpretationen, Bd. I. S. 192.
[76] In: Die deutsche Tragödie. S. 590.
[77] Das Weltbild Friedrich Hebbels. S. 209.
[78] Hebbels Psychologie. S. 10.
[79] Friedrich Hebbel zwischen Hegel und Freud. Stuttgart 1979.
[80] In: Hebbel in neuer Sicht. ^{2}1969, S. 228–246. („Der Archetyp der Enge").
[81] Kopenhagen, 15. 3. 1848, während der Arbeit am I. Akt (Br. Bd. II. S. 230).
[82] Zitiert nach: O. Walzel: Friedrich Hebbel und seine Dramen. S. 55.
[83] „Von der Wahrheit", München 1947, S. 957.
[84] An Anton Pichler, 1851.
[85] Am Tag nach Fertigstellung des Dramas und mit ausdrücklichem Bezug darauf.
[86] Br. Bd. II. S. 341.
[87] Kurt May: Form und Bedeutung. S. 287.
[88] Anton Schwarz' Sohn, der wegen Diebstahls ins Gefängnis kam, hieß wie die Dramenfigur „Karl".
[89] S. 38; 39; 40; 47 (Recl.).
[90] S. 70, Z. 10–21 (Recl.). – Für Anton gilt ein Gerichtsdiener als Vertreter eines „unehrlichen Standes", eine Klassifizierung, die das Allgemeine Preußische Landrecht bereits 1794 aufgehoben hatte.
[91] Br. Bd. II. S. 341.
[92] s.a. W. Liepe: Zum Problem der Schuld bei Hebbel. S. 42–58.
[93] Reminiszenz an Matth. 18.6.

[94] Auch dies eine Kindheitsreminiszenz Hebbels.
[95] Br. Bd. II. S. 246.
[96] Am Schluß erweist sich die Ähnlichkeit von Vater und Sohn: Keiner will dem andern etwas schuldig bleiben (91, Z. 20ff.).
[97] s.a. M. Stern, a.a.O., S. 233.
[98] Lütkehaus reduziert das religiöse Motiv auf die Kategorien bürgerlicher Geschäftsgesinnung, wenn er Antons Geldopfer als „Rückversicherung für den jüngsten Tag" abqualifiziert (a.a.O., 1983, S. 45).
[99] Br. Bd. II. S. 246.
[100] Br. Bd. II. S. 341.
[101] T. 2926 (8. Dez. 1843, „nach Endigung der Reinschrift" des Dramas).
[102] B. von Wiese: Die deutsche Tragödie. S. 590.
[103] In: Das Abgrund-Motiv in Hebbels Tagebüchern und Tragödien. S. 171 (R. F. gebraucht in diesem Zusammenhang das Bild vom „Gottesabgrund", dem „abyssus" der mittelalterlichen Mystik).
[104] W. Bd. XI. S. 4 („Ein Wort über das Drama").
[105] In: The woman in the works of Friedrich Hebbel. S. 105.
[106] ebd., S. 107.
[107] B. Fenner, in: Geschichte, Natur, Mythos. S. 347.
[108] Elise Dosenheimer, Birgit Fenner, Ilse Krisciokaitis, Clara Price Newport u.a.
[109] I. Krisciokaitis, a.a.O. (Anm. 105), S. 104f.
[110] B. Fenner, in: Hebbel zwischen Hegel und Freud. S. 253.
[111] E. Dosenheimer, in: Das zentrale Motiv in der Tragödie Friedrich Hebbels. S. 114.
[112] C. P. Newport, in: Woman in the thought and work of Friedrich Hebbel. S. 149.
[113] s. Matth. 25.1–13.
[114] Hebbels Verfallenheit an das Ominöse und Traumhafte zeigt sich in der Tagebuchnotiz 2199: „Auf einem Berg lagen lauter Grabsteine und Gräber [...] Ich tanzte mit anderen auf den Gräbern und rief jemandem zu: ‚Nimm dich in acht, man sinkt oft plötzlich in ein Grab hinein!'" (Vgl. Anm. 52., s.a. das Gedicht „Der Heideknabe", in dem ein Mord vorausgeträumt wird).
[115] a.a.O. (1983), S. 58.
[116] ebd., S. 59f.
[117] Nach B. Fenner ist Klara die Frauengestalt, „die am sichtbarsten bekundet, daß Tragik und Größe nicht notwendig aneinander gebunden sind". (In: Geschichte – Natur – Mythos, S. 351).
[118] „Rein relational" nennt es Lütkehaus (a.a.O./1983, S. 61).
[119] M. Stern, a.a.O. passim.
[120] Lütkehaus: a.a.O. (1983), S. 68.
[121] s. Ilja Motylew: Verdeckte Handlung in Hebbels Dramen.
[122] Von der in Norddeutschland seinerzeit verbreiteten Sitte, Eltern und Großeltern kalligraphische, mit vergoldeten Schnörkeln versehene Neujahrswünsche zu überreichen, berichtet Hebbel in „Aus meiner Kindheit", Kap. 8.
[123] W. Bd. VIII. S. 106.
[124] Matth. 10.16.
[125] W. Bd. VI. S. 235.

[126] E. u. D. S. 14.
[127] Hebbels Dienstherr in Wesselburen, der Kirchspielvogt Mohr, glaubte seinem jungen Schreiber einen Gefallen zu tun, als er ihm die Ehe mit seiner Dienstmagd antrug, die von ihrem Herrn ein Kind erwartete. Die finanzielle Sicherstellung durch eine ansehnliche Mitgift legitimierte auch die fragwürdigste Ehe.
[128] R. Bollmann, in: Blätter für literarische Unterhaltung. 1.–6. Dez. 1847. S. 1351.
[129] s. Brief an Elise Lensing vom 5. Okt. 1838 (Br. Bd. I. S. 326).
[130] s.a. Innstetten in Fontanes „Effi Briest“: „Und eben weil dieser Mitwisser da ist, kann ich nicht mehr zurück.“
[131] In der Zeitschrift „Europa“. 1848.
[132] a.a.O., S. 137.
[133] s. Ortsangabe unter dem Personenverzeichnis.
[134] s. T. 2617.
[135] T. 2575.
[136] Nr. 21; 22 (1843).
[137] Nr. 1261 (1843).
[138] Nr. 31 (1843). Unter dem Titel: „Die Aufgabe des neueren Dramas“.
[139] ebd.
[140] ebd. Nr. 37; 38 (1843).
[141] W. Bd. IX. S. 10 („Mein Wort über das Drama“, Einleitung).
[142] T. 2640 (23. Jan. 1843).
[143] Anni Meetz: ‚Friedrich Hebbel‘. S. 33.
[144] An Campe über „Maria Magdalena“, 2.6.1844 (Hirth: Hebbels Korrespondenz. S. 37).
[145] W. Bd. I. S. 433 (Vorwort zu „Genoveva“).
[146] W. Bd. XI. S. 6.
[147] W. Bd. XI. S. 8.
[148] W. Bd. XI. S. 10.
[149] W. Bd. XI. S. 5.
[150] W. Bd. XI. S. 7.
[151] ebd.
[152] ebd.
[153] In: Studien zu Hebbels dramatischer Technik. S. 145.
[154] W. Bd. XI. S. 5.
[155] „Der Pantragismus als System der Weltanschauung und Ästhetik Friedrich Hebbels“. Hamburg 1903.
[156] Heiberg, übersetzt von Hebbel (W. Bd. XI. S. 32).
[157] s. Br. Bd. VII. S. 303 („... daß man mein kleines Familienbild für eine Ifflandsche Nachgeburt erklären werde“).
[158] Br. Bd. III. S. 151.
[159] Preußischer Konsularbeamter in Paris; vermittelte Hebbel die Bekanntschaft mit Heine und Ruge; führte ihn in Hegels Philosophie ein.
[160] Br. Bd. III. S. 151.
[161] Br. Bd. VIII. S. 46.
[162] Br. Bd. V. S. 48.
[163] Br. Bd. III. S. 32.

[164] Br. Bd. III. S. 53.
[165] Br. Bd. VII. S. 303.
[166] Br. Bd. VII. S. 167.
[167] Br. Bd. VII. S. 68.
[168] Br. Bd. III. S. 32.
[169] Br. Bd. III. S. 38.
[170] ebd.
[171] a.a.O. (1983), S. 7.
[172] Br. Bd. III. S. 73.
[173] In: Hebbels Dramen und Dramentheorie. S. 333.
[174] W. Liepe, in: Zum Problem der Schuld bei Hebbel. S. 43; 45.
[175] ebd., S. 47.
[176] Br. Bd. III. S. 38.
[177] s. Birgit Fenner: Hebbel zwischen Hegel und Freud. S. 10.
[178] „Der Theaterteufel“ (1848). S. 104f.
[179] Anni Meetz, in: Friedrich Hebbel. S. 41.
[180] In: Friedrich Hebbels Auseinandersetzung mit Hegel und Solger. Diss. Kiel 1964.
[181] A. Meetz: a.a.O., S. 18.
[182] Karl Wilhelm Friedrich Solger: Vorlesungen über Ästhetik. Nachdruck der Ausgabe von 1829, hrsg. von Heyse. Darmstadt 1969. S. 310.
[183] ebd., S. 96; 97.
[184] An Ruge, 15. Sept. 1852 (Br. Bd. V. S. 45).
[185] W. Bd. XI. S. 406 („Abfertigung eines ästhetischen Kannegießers“).
[186] In: Friedrich Hebbel und seine Dramen. [3]1927. S. 39.
[187] Hegel, in: Vorlesungen über Ästhetik.
[188] Heiberg, zitiert bei Hebbel (W. Bd. XI. S. 31).
[189] ebd.
[190] W. Bd. XI. S. 130.
[191] Br. Bd. I. S. 145.
[192] ebd.
[193] ebd.
[194] W. Bd. XI. S. 140.
[195] ebd.
[196] ebd.
[197] „Vorwort zur Maria Magdalena“, S. 26 (Recl.).
[198] ebd.
[199] ebd.
[200] Bei: H. Matthiesen, a.a.O., S. 99.
[201] Br. Bd. VI. S. 312.
[202] „Vorwort zur Maria Magdalena“. S. 14 (Recl.).
[203] Am 13. Febr. 1844 (Br. Bd. III. S. 33).
[204] s. „Abfertigung eines ästhetischen Kannegießers“ (W. Bd. XI. S. 387).
[205] In: Geschichte der dt. Literatur. [3]1856. Bd. III. S. 167.
[206] „Vorwort zur Maria Magdalena“. S. 29 (Recl.).
[207] An Elise Lensing am 27. Apr. 1838 (Br. Bd. I. S. 283).
[208] T. 1261.

[209] W. Bd. XI. S. 65 (s.a. T. 513 vom 23. Dez. 1836: „Der Teufel hole das, was man heutzutage schöne Sprache nennt; es ist dasselbe in der Dramatik, was die schönen Redensarten im Leben sind.").
[210] W. Bd. XI. S. 73.
[211] Marie Luise Gansberg, in: Zur Sprache in Hebbels Dramen.
[212] In: Epik, Dramatik, Lyrik. S. 310–329.
[213] Peter Schütze, in: H.Jb. 1981. S. 162f.
[214] a.a.O. S. 61.
[215] Br. Bd. II. S. 246.
[216] J. Müller: a.a.O. (Anm. 212), S. 320.
[217] Uraufführung am 2. Mai 1846 im Leopoldstädter Theater.
[218] Heinrich Anschütz, seinerzeit Regisseur an der Hofburg, bezweifelte im Jahre 1845, „daß die Zensur für die Handwerker-Philosophie des Tischlers Anton, für den Buben Karl, für das Verhältnis zwischen Klara, Leonhard und dem Sekretär das admittitur erteilt". (Bei: P. Bornstein: Hebbels Persönlichkeit. S. 194).
[219] Erschienen in: edition suhrkamp 701 (1974).
[220] Interview mit der Frankfurter Rundschau am 14. 5. 1974.
[221] Franz Xaver Kroetz: „Ein Lesebuch". Reinbek 1982. S. 639.
[222] ebd.
[223] s.a. Karl Reinhardt, in: Deutsche Dramen. Bd. I. S. 192.
[224] Hebbel. Br. Bd. II. S. 246.
[225] Kroetz, in: „Lesebuch". S. 628.
[226] In: „Maria Magdalena" – Hebbels bürgerliches Trauerspiel in der Bearbeitung von Franz Xaver Kroetz. S. 413.
[227] In Heidelberg, 1973.
[228] a.a.O., S. 192.
[229] In: H.Jb. 1987. S. 80.
[230] In: H.Jb. 1976. S. 162–180; 1978. S. 181–212; 1979. S. 100–140; 1983. S. 145–156 (s.a. Literaturverzeichnis unter: Didaktisch-methodische Literatur).
[231] In: H.Jb. 1976. S. 162–180.
[232] In: H.Jb. 1987. S. 69–88.
[233] In: H.Jb. 1976.
[234] In: H.Jb. 1987. S. 87.
[235] ebd., S. 84.
[236] ebd., S. 86.
[237] ebd., S. 73.
[238] ebd., S. 86.
[239] Vom 6. Januar 1844 (s. Anhang IV.) (s.a. Hebbels Tagebuchnotiz 3001 vom 23. Januar 1844).

Literaturverzeichnis

Primärliteratur (Auswahl)

Friedrich Hebbel: Sämtliche Werke. Histor.-krit. Ausgabe, besorgt von R. M. Werner. Berlin 1904–1913.
1. Abtlg.: Werke (zit.: ‚W.')
2. Abtlg.: Tagebücher (zit.: ‚T.' mit Numerierung)
3. Abtlg.: Briefe (zit.: ‚Br.')

Hebbels Werke. (9 Bände)
Nach der histor.-krit. Ausgabe systematisch geordnet. Hrsg.: Benno von Wiese. Leipzig 1941.

Friedrich Hebbel: Werke. (5 Bände)
Hrsg. Gerhard Fricke u. a. München (Hanser) 1964–1967.

Friedrich Hebbel: Werke. (2 Bände)
Hrsg.: Karl Pörnbacher. München (Hanser) 1978.

Hebbel: Werke. (3 Bände)
Hrsg.: Joachim Müller. Weimar (Aufbau-Verlag) 1960.

Friedrich Hebbel: Gedichte, Dramen, Prosa. (2 Bände)
Hrsg.: Walter Vontin. Hamburg (Hoffmann und Campe) 1960.

Hirth, Friedrich (Hrsg.): Hebbels Korrespondenz. Ungedruckte Briefe von und an den Dichter. München und Leipzig 1913.

Biographien

Bornstein, Paul: Friedrich Hebbels Persönlichkeit. Gespräche, Urteile, Erinnerungen. Berlin 1924.
Kuh, Emil: Friedrich Hebbel. Eine Biographie. Wien 1877.
Matthiesen, Hayo: Friedrich Hebbel in Selbstzeugnissen und Bilddokumenten. Reinbek (rowohlts monogr. Nr. 160) 1970.
Meetz, Anni: Friedrich Hebbel. Stuttgart (Sammlung Metzler Bd. 18) ^{3}1973.
Von Scholz, Wilhelm: Friedrich Hebbel. In: Die großen Deutschen. Deutsche Biographie Bd. III. S. 347–355, 1960.
Wellhausen, Barbara: Friedrich Hebbel. Bildbiographie. Heide/Holstein 1988.

Monographien und Aufsätze

Brugger, Ilse: Die „Mensch-Ding"-Problematik bei Hebbel. H.Jb. 1963. S. 66–94.
Carl, Rolf-Peter: Franz Xaver Kroetz. München 1978. (Autorenbücher Nr. 10)
Dosenheimer, Elise: Das zentrale Problem in der Tragödie Friedrich Hebbels. Halle a.d. Saale 1925.
Dosenheimer, Elise: Das deutsche soziale Drama von Lessing bis Sternheim. Konstanz 1949.
Emrich, Wilhelm: Hebbels Vorwegnahme und Überwindung des Nihilismus. In: Akzente 11 (1964). S. 221–237.
Falkenberg, Hans Gert: Zur Entstehungs- und Bühnengeschichte von Hebbels „Maria Magdalena". In: Blätter des Deutschen Theaters in Göttingen. Heft 91 (1955/56).

Fenner, Birgit: Geschichte – Natur – Mythos. Dramen, Tagebücher, Briefe und Schriften Friedrich Hebbels. Diss. FU Berlin 1977.

Fenner, Birgit: Friedrich Hebbel zwischen Hegel und Freud. Stuttgart 1979.

Findeis, Richard: Der Dialog in den Dramen Friedrich Hebbels. Diss. Wien 1904.

Flygt, Sten G.: Revelation Scenes in the plays of Friedrich Hebbel. German Review 28 (1953).

Fourie, Regine: Das Abgrund-Motiv in Hebbels Tagebüchern und Tragödien. Stuttgart 1984 (Diss. an der Universität Witwatersrand/Johannesburg).

Fricke, Gerhard: Friedrich Hebbel und sein Zeitalter. In: Studien und Interpretationen, S. 258–309. Frankfurt a. M. 1956.

Frisch, Helga: Symbolik und Tragik in Hebbels Dramen. Bonn ²1963.

Gansberg, Marie Luise: Zur Sprache in Hebbels Dramen. In: Hebbel in neuer Sicht ²1969. S. 59–79.

Glaser, Horst Albert: Hebbels Dramen und Dramentheorie. In: Deutsche Literatur. Eine Sozialgeschichte. Hrsg.: H. A. Glaser. Bd. 7. Reinbek 1982.

Guthke, Karl S.: Hebbel, Hauptmann und die „Dialektik" in der Idee. In: H.Jb. 1961. S. 71–89.

Guthke, Karl S.: Hebbels Dialektik der Natur. In: Wege zur Literatur. Bern und München 1967.

Hilliger, Dorothea: Wünsche und Wirklichkeiten im bürgerlichen Trauerspiel. Bern 1984.

Jaspers, Karl: Von der Wahrheit. München 1947. S. 917–960.

Keller, Mechthild: Studien zu Hebbels dramatischer Technik. Diss. Köln 1975.

Kleinschmidt, Gerd: Die Person im frühen Drama Friedrich Hebbels. Lahr 1965.

Kraft, Herbert: Poesie der Idee. Die tragische Dichtung Friedrich Hebbels. Tübingen 1971.

Kreuzer, Helmut: Die Tragödien Friedrich Hebbels. Versuch ihrer Deutung in Einzelanalysen. Diss. Tübingen 1956.

Kreuzer, Helmut: Hebbel und Kleist. In: Der Deutschunterricht 13 (1961). S. 92 bis 115.

Krisciokaitis, Ilse: The woman in the works of Friedrich Hebbel. Diss. Michigan State University 1968.

Kurscheid, Georg: „Maria Magdalena" – Hebbels bürgerliches Trauerspiel in der Bearbeitung von Franz Xaver Kroetz. In: Wirkendes Wort 32 (1982), S. 405 bis 418.

Liepe, Wolfgang: Zum Problem der Schuld bei Hebbel. In: Hebbel in neuer Sicht. ²1969. S. 42–58.

Liepe, Wolfgang: Friedrich Hebbel, Weltbild und Dichtung. In: H.Jb. 1960. S. 7–26.

Lütkehaus, Ludger: Hebbel – Gegenwartsdarstellung, Verdinglichungsproblematik, Gesellschaftskritik. In: Beiträge zur neueren deutschen Literaturgeschichte. 3. Folge. Heidelberg 1976.

Lütkehaus, Ludger: Friedrich Hebbel, „Maria Magdalena". In: Text und Geschichte, Modellanalysen zur deutschen Literatur. München (Fink) 1983. (Uni-Taschenbücher 1192)

Martini, Fritz: Deutsche Literatur im bürgerlichen Realismus. II: Das Drama (über Hebbel: S. 130–186). Stuttgart ⁴1981.

May, Kurt: Hebbels „Maria Magdalena". In: Form und Bedeutung. Interpretationen deutscher Dichtung des 18. und 19. Jahrhunderts. Stuttgart 1957. S. 273–298.
Michelsen, Peter: Das Paradoxe als Grundstruktur Hebbelschen Denkens. In: Hebbel in neuer Sicht. ²1969. S. 80–108.
Motylew, Ilja: „Verdeckte Handlung" in Hebbels Dramen. Berlin und Leipzig 1927.
Müller, Joachim: Das Weltbild Friedrich Hebbels. Halle a.d. Saale 1955.
Müller, Joachim: Zur motivischen und dramaturgischen Struktur von Hebbels „Maria Magdalena". In: Epik, Dramatik, Lyrik. Analysen und Essays. Halle a.d. Saale 1974. S. 310–329 (auch in: H.Jb. 1968. S. 45–76).
Nägele, Horst: Historische Objektivation und poetische Instanz. Eine Studie zur Kontroverse zwischen Friedrich Hebbel und Ludwig Heiberg im Jahre 1843. H.Jb. 1973.
Newport, Clara Price: Woman in the thought and work of Friedrich Hebbel. Madison/Wisconsin 1912.
Reinhardt, Hartmut: Friedrich Hebbel, „Maria Magdalena". In: Deutsche Dramen. Interpretationen. Bd. I. S. 171–200. Königstein 1981.
Reinhardt, Hartmut: Hebbels Dramatik. In: Handbuch des deutschen Dramas. Düsseldorf 1980, S. 252 bis 258.
Ritter, Wolfgang: Hebbels Psychologie und dramatische Charaktergestaltung. Marburg 1973.
Rutz, Wilhelm: Friedrich Hebbel und Elise Lensing. München 1922.
Scheunert, Arno: Der Pantragismus als System der Weltanschauung und Ästhetik Friedrich Hebbels. Hamburg 1913.
Scheunert, Arno: Der junge Hebbel. Hamburg 1908.
Von Scholz, Wilhelm: Hebbel und das Drama an der Wende der Zeit. Stuttgart ³1922.
Sievers, Hartwig: Hebbels „Maria Magdalena" auf der Bühne. Ein Beitrag zur Bühnengeschichte Hebbels. In: Hebbel-Forschungen Bd. 23. Berlin und Leipzig 1933.
Singer, Sebastian: Das existentielle Prinzip in Hebbels Dichten und Denken. Diss. Bonn 1951.
Stern, Martin: Das zentrale Symbol in Hebbels „Maria Magdalena". In: Hebbel in neuer Sicht, ²1969. S. 228–246.
Stolze, Reinhold: Die wissenschaftlichen Grundlagen der Inszenierung von Hebbels „Maria Magdalena". Hildesheim 1978.
Streller, Siegfried: Die Wandlung des bürgerlichen Trauerspiels bei Friedrich Hebbel. In: Studien zur Literaturgeschichte und Literaturtheorie. Berlin (O.) 1970.
Szondi, Peter: Theorie des modernen Dramas. Frankfurt a.M. 1956.
Walzel, Oskar: Hebbelprobleme. In: Untersuchungen zur neueren Sprach- und Literaturgeschichte. Hrsg. O. Walzel. Leipzig 1909.
Walzel, Oskar: Friedrich Hebbel und seine Dramen. Berlin ³1927.
Von Wiese, Benno: Die deutsche Tragödie von Lessing bis Hebbel. (Kap. 23: Der Mensch als Widersacher Gottes – Die erste Periode in Hebbels dramatischer Entwicklung.) Hamburg ⁶1964.
Von Wiese, Benno: Der Tragiker Friedrich Hebbel. H.Jb. 1973. S. 9–32.

Von Wiese, Benno: Die Religion Büchners und Hebbels. In: Hebbel in neuer Sicht, ²1969.
Wittkowski, Wolfgang: Der junge Hebbel. In: Quellen und Forschungen zur Sprach- und Kulturgeschichte der germanischen Völker. Berlin 1969.
Wütschke, Friedrich: Hebbel in der zeitgenössischen Kritik. In: Deutsche Literaturdenkmale des 18. und 19. Jahrhunderts. Berlin 1910.
Ziegler, Klaus: Mensch und Welt in der Tragödie Friedrich Hebbels. Diss. Göttingen 1938.
Ziegler, Klaus: Das deutsche Drama der Neuzeit. In: Dt. Philologie im Aufriß. Hrsg. W. Stammler. Sp. 1997–2350 (über Hebbel: Sp. 2210 ff.), Berlin ²1960.
Ziegler, Wolfgang: Wandlungen des Tragischen. In: Hebbel in neuer Sicht. ²1969. S. 11–25.
Zincke, Paul: Die Entstehungsgeschichte von Hebbels „Maria Magdalena". Prag 1910.

Zur Geschichte des bürgerlichen Trauerspiels

Brüggemann, Fritz: Der Kampf um die bürgerliche Welt- und Lebensanschauung in der deutschen Literatur des 18. Jahrhunderts. In: Dt. Vierteljahrsschrift III (1925). S. 94–125.
Eloesser, Arthur: Das bürgerliche Drama. Seine Geschichte im 18. und 19. Jahrhundert. 1898. Reprint Genf 1970.
Gauwerky, Ursula: Bürgerliches Drama. In: Reallexikon der deutschen Literaturgeschichte. Bd. I. (1958), S. 199–203.
Guthke, Karl S.: Das deutsche bürgerliche Trauerspiel. Stuttgart (Slg. Metzler Bd. 116) 1984.
Pilz, Georg: Deutsche Kindsmord-Tragödien. München (Oldenbourg) 1982.
Walzel, Oskar: Das bürgerliche Drama. In: O. Walzel: Vom Geistesleben alter und neuer Zeit. 1922. S. 142–231.

Zur Sozialgeschichte

Aubin/Zorn: Handbuch der deutschen Wirtschafts- und Sozialgeschichte. Stuttgart 1971.
Fischer, Wolfram: Quellen zur Geschichte des deutschen Handwerks. 1957.
Lütge, Friedrich: Deutsche Sozial- und Wirtschaftsgeschichte. Berlin 1960.
Rumpf, Max: Deutsches Handwerkerleben und der Aufstieg der Stadt. 1955.
Stürmer, Michael: Herbst des alten Handwerks. München 1979.

Didaktisch-methodische Literatur

Bräutigam, Kurt: Die Sprache der handelnden Personen als Schlüssel zur Deutung von Dramen. In: Der Deutschunterricht 16 (1964), H. 3, S. 68–77 (über „Maria Magdalena", S. 72–75).
Fenner, Birgit: Ein Weg zu Hebbel. In: H.Jb. 1983. S. 127–144.
Fenner, Birgit: Friedrich Hebbel im Unterricht des Gymnasiums. In: H.Jb. 1987. S. 69–88.
Grundmann, Hilmar: Hebbels Werk im Licht eines identitätsfördernden Unterrichts. In: Friedrich Hebbel. Neue Studien zu Werk und Wirkung. Hrsg. H. Grundmann. Heide 1982.

Grundmann, Hilmar: Friedrich Hebbel vor einer Renaissance in der Schule? In: H.Jb. 1976. S. 162–180.

Grundmann, Hilmar: Klassische Literatur im Deutschunterricht. Oder: Worin Schüler den Nutzen sehen, sich mit „Maria Magdalena“ zu beschäftigen. In: H.Jb. 1978. S. 181–212.

Heistrüvers, Hans-Dieter: Bild und Rolle der Frau in unserer patriarchalischen Gesellschaft. In: Der Deutschunterricht 24 (1972), H. 5, S. 94–118.

Jacobi, Walter: Die Entwicklung der bürgerlichen Gesellschaft im Spiegel ausgewählter Dramenliteratur. In: Diskussion Deutsch 21 (1975), S. 26–37.

Von Liebenstein-Kurtz, Ruth: Stundenblätter – Hebbel, „Maria Magdalene“, Kroetz, „Maria Magdalena“. Stuttgart 1985.

Zeittafel zu Leben und Werk

(mit besonderer Hervorhebung der Dramengeschichte)

1813	3. März: Christian Friedrich Hebbel im damals dänischen Wesselburen/Dithmarschen als Sohn eines Maurers in ärmlichen Verhältnissen geboren.
1827	18. November: Tod des Vaters. H. wird Schreiber im Amt des Kirchspielvogts Mohr. – Erste dichterische Versuche. – Gründung einer Liebhaberbühne.
1835	14. Februar: Umsiedlung nach Hamburg. – Förderung durch die Schriftstellerin Amalie Schoppe. – Schulbesuch. – Beziehung zu Elise Lensing. – Beginn des Tagebuchs. – Erzählungen.
1836	27. März: Abreise nach Heidelberg zum Studium der Rechte. – Entwicklung eines eigenen lyrischen Stils. – September: Wechsel zur Universität München, Aufgabe des Jurastudiums, Beschäftigung mit Literatur und Philosophie. – Wohnung im Hause des Schreinermeisters Anton Schwarz, Beziehung zu dessen Tochter Josepha.
1839	Februar: Erste Tagebuchnotizen zum Drama *Klara* (= *Maria Magdalena*).
1839	31. März: Rückkehr nach Hamburg. – Arbeit an *Judith*.
1840	6. Juli: Uraufführung der *Judith* in Berlin auf Betreiben der Schauspielerin Auguste Stich-Crelinger, die die Titelrolle übernimmt.
1842	12. November: Reise nach Kopenhagen. – Bewerbung beim dänischen Königshof um eine Professur in Kiel. – Gewährung eines zweijährigen Reisestipendiums. – Arbeit an *Klara*.
1843	31. Juli: *Mein Wort über das Drama* (Heiberg-Kontroverse). 8. September: Abreise nach Paris. Dort Freundschaft mit Felix Bamberg, Begegnung mit Heinrich Heine und Arnold Ruge. – Arbeit am *Bürgerlichen Trauerspiel* (= *Maria Magdalena*). 2. Oktober: Tod des Sohnes Max. 4. Dezember: „Heute habe ich mein viertes Drama: *Ein bürgerliches Trauerspiel*! geschlossen.“
1844	6. Januar: Ablehnender Brief zur *Maria Magdalena* von Auguste Stich-Crelinger aus Berlin. Februar/März: Arbeit am Vorwort. September: *Maria Magdalena. Ein bürgerliches Trauerspiel* erscheint bei Hoffmann und Campe in Hamburg. – Abreise Hebbels von Paris nach Rom.
1845:	Reise nach Neapel. – Entfremdung von Elise Lensing. – Geldmangel, Schulden. – Aufbruch nach Wien. – Förderung durch die Brüder Zerboni di Sposetti. – Begegnung mit Christine Enghaus.
1846:	Vermählung mit Christine Enghaus, Zerwürfnis mit Elise Lensing. – 13. März: Uraufführung der *Maria Magdalena* am Stadttheater Königsberg.

1848	8. Mai: Erfolgreiche Aufführung der *Maria Magdalena* am Burgtheater Wien. Rolle der Klara: Christine Enghaus.
1848–1863	Die zweite Epoche in der Dramenproduktion Hebbels (vgl. Kap. 1.3).
1863	März: Die schwere osteopathische Erkrankung Hebbels tritt in ihr Endstadium. Hebbel erliegt ihr am 13. Dezember.

Dramen:

1840	*Judith.* Eine Tragödie
1841	*Genoveva.* Eine Tragödie (Nachspiel zu Genoveva: 1851)
	Der Diamant. Ein Lustspiel
1843	*Maria Magdalena.* Ein bürgerliches Trauerspiel
1845–1850	Arbeit an *Moloch* (Fragment einer Tragödie)
1847	*Ein Trauerspiel in Sizilien* (Tragikomödie)
	Julia. Ein bürgerliches Trauerspiel
1848	*Herodes und Mariamne.* Eine Tragödie
1849	*Der Rubin.* Ein Märchen-Lustspiel
1850	*Michel Angelo.* Ein Drama
1851	*Agnes Bernauer.* Ein deutsches Trauerspiel
1854	*Gyges und sein Ring.* Eine Tragödie
1860	*Die Nibelungen.* Ein deutsches Trauerspiel in drei Abteilungen
bis 1863	Arbeit an *Demetrius.* Eine Tragödie (Fragment)

Lyrik, Balladen, Epigramme:

1842	
1848	Sammelausgaben
1857	

Erzählungen und Novellen:

1855 Sammelband

Versepos:

1857 *Mutter und Kind*

Tagebücher, Aufsätze, literarische Streitschriften